Super ET Opera viva

Pubblicato in accordo con S&P Literary - Agenzia letteraria Sosia Pistoia

www.einaudi.it

ISBN 978-88-06-25114-7

Maura Gancitano

Specchio delle mie brame

La prigione della bellezza

Einaudi

Specchio delle mie brame

Introduzione

Da piccola non volevo sposarmi né avere figli, volevo essere brutta e diventare una filosofa. L'idea di essere brutta, in particolare, era maturata grazie alla lettura di un racconto che avevo letto nell'antologia scolastica, *Belloccia e Bruttina* di Madame Leprince de Beaumont, che iniziava cosí: «C'era una volta un signore che aveva due figlie gemelle, alle quali aveva dato due nomi che stavano loro a pennello: la prima, ch'era bella, fu chiamata Belloccia e la seconda, ch'era brutta, fu chiamata Bruttina»[1].

Fino ai dodici anni entrambe si applicavano nello studio, finché la madre commise un errore, introducendole in società: entrambe iniziarono a interessarsi a balli, ricevimenti, vestiti, acconciature. Quando compirono quindici anni, Belloccia «era divenuta talmente bella da destare l'ammirazione di tutti quelli che la vedevano. Quando sua madre la portava in società, tutti i cavalieri le facevano la corte: questo lodava la sua bocca, quello i suoi occhi, chi la persona, chi le belle manine, e nel mentre le si prodigavano tutte queste lodi, non ci si accorgeva neppure dell'esistenza di Bruttina».

Va da sé che Bruttina era disperata, e per questa ragione smise di uscire. Una volta che era rimasta a casa da sola, non sapendo cosa fare, si recò nella biblioteca del padre. Qui prese il primo libro che le capitò e, alla prima apertura di pagina, lesse una

[1] Madame Leprince de Beaumont, *Belloccia e Bruttina*, in *Fiabe francesi della corte del Re Sole e del secolo XVIII*, traduzione di E. Giolitti con la collaborazione di D. Valeri per la traduzione dei versi, Einaudi, Torino 1967.

lettera che sembrava scritta per lei, dove si diceva che la maggior parte delle belle donne sono terribilmente stupide non per mancanza di intelligenza, ma perché trascurano di coltivarla.

> Tutte le donne sono vanitose e desiderano piacere: una brutta sa benissimo di non poter piacere per merito del proprio volto e allora escogita di farsi notare per l'ingegno; si dà a studiare seriamente e finisce col riuscire interessante, a dispetto del suo fisico. La bella, invece, non ha che da mostrarsi in pubblico per piacere; la sua vanità è soddisfatta e, poiché non riflette mai, ella non pensa che la bellezza dura soltanto una stagione; d'altra parte, è talmente occupata dal proprio abbigliamento e dalla cura di non mancare a un solo ricevimento, pur di farvisi vedere e ricevere complimenti, che non avrebbe il tempo di coltivare la propria mente, neppure se lo ritenesse necessario. Cosí diventa una sciocca, interamente presa da futilità, cianfrusaglie, spettacoli, e via di questo passo fino ai trenta, ai quarant'anni e anche piú. La bella fanciulla, diventata vecchia, sarà rimasta sciocca, mentre la brutta sarà divenuta simpatica, e nessuno potrà toglierle quello che ha conquistato.

Dopo aver letto questa lettera, Bruttina decise di rimettersi a studiare, fece chiamare i suoi insegnanti e in poco tempo diventò una fanciulla di gran merito capace di intavolare conversazioni con le persone piú intelligenti. Le due gemelle si sposarono lo stesso giorno: Belloccia con un principe, Bruttina con il ministro di questo. Ma la felicità di Belloccia durò solo tre mesi perché il principe si stancò ben presto di lei, mentre sua sorella Bruttina era diventata la piú felice donna al mondo: il marito la consultava sui propri affari, seguiva i suoi consigli e andava dicendo a tutti che la moglie era il miglior amico che avesse al mondo. La morale della storia era che la bellezza esteriore è noiosa e rende le donne frivole e infelici, distogliendole dallo studio e dalla vera bellezza interiore.

Quel racconto mi convinse che, se toccava scegliere, allora io non mi sarei curata della bellezza esteriore, avrei cercato solo di coltivare l'intelligenza. Ero nata in un paese in cui il solo camminare nella strada principale significava essere squadrate, pesate e giudicate, eppure ero cresciuta senza accorgermi di avere quello sguardo addosso. Camminavo come un maschio, mi vestivo solo in modo sportivo, non badavo ai capelli, non mi truccavo o lo facevo malissimo, mi mangiavo le unghie, ero ossessionata dai libri e non cercavo di piacere ai ragazzi.

Eppure, se il mondo esterno approvava il mio disinteresse verso ciò che veniva giudicato «futile», dall'altro mi reputava esagerata: rimanevo comunque una ragazzina che doveva curarsi di sé e non apparire trasandata. Mi era stato detto che bisognava scegliere, e io avevo scelto, eppure allo stesso tempo una scelta era impossibile, perché il mio corpo non poteva essere neutro, era comunque sempre oggetto di giudizio. Non era neppure solo mio, ma era in qualche modo simbolo della mia classe sociale, frutto dell'educazione, segno di civiltà.

Questo faceva di me una persona strana. Percepivo anche aleggiare dei dubbi sulla mia sessualità, perché quando il gusto personale, le preferenze, la vocazione, il *daimon* non si sovrappongono perfettamente al genere che ti è stato assegnato la morale comune si accende, segnalando che c'è qualcosa di te che mette in crisi l'ordine sociale.

Se Belloccia era esagerata perché piena di vanità e senza sale in zucca, io ero esagerata perché dei vestiti e del mio aspetto fisico non mi importava. Erano due poli diversi, ma comunque intollerabili. In piú ero nata con un bel viso, e il fatto di non curare il modo in cui camminavo, in cui mi vestivo, i capelli e il fisico era senza dubbio uno spreco e un sintomo di pigrizia. Il mio grasso diventava costante argomento di conversazione, era un problema che mi ostinavo a non risolvere.

I pensieri sul mio corpo hanno dato vita a paure, sensi di colpa e di inadeguatezza che negli anni successivi mi hanno fatto sentire a disagio ogni volta che entravo in una stanza, ogni volta che qualcuno mi guardava, ogni volta che avevo una macchina fotografica puntata contro. Quanto sarebbe stata piú facile la vita se la mia bellezza non fosse stata oggetto di sapere, se fossi stata educata a prendermi davvero cura di me, senza avvertire il mio corpo come un peso che dovevo portarmi appresso, qualcosa che non ero capace di gestire.

Questo libro però non parla della mia storia, ma di come la bellezza abbia rappresentato e rappresenti ancora uno strumento di controllo dei corpi, dei pensieri e delle scelte di vita in particolare delle donne, ma sempre piú anche degli uomini. E di come i corpi non conformi, le persone non binarie e transgender siano giudicate mostruose, anormali e quindi espulse dalla società civile. Descriverò i processi sociali, politici, economici, culturali che costituiscono la base della nostra società, e che sono nati quasi contemporaneamente tra la fine del Settecento e l'inizio del Novecento.

Eppure mi sembrava importante raccontare cosa per me ha rappresentato l'obbligo alla bellezza, e come molte delle mie scelte di vita siano nate da un racconto del 1757 letto in un'antologia scolastica che ha segnato il mio immaginario, e che probabilmente è stato scritto proprio allo scopo di indottrinare altre ragazze come me al disprezzo verso le altre e allo stesso tempo al desiderio di essere come loro.

Scopo di questo libro è raccontare come la bellezza sia diventata un'ossessione, una malattia, un mito irraggiungibile. Quando è avvenuto? A opera di chi? Per quale ragione?

Allo stesso tempo, però, mi preme domandarmi se, come qualcuno suggerisce, per abbandonare la prigione della bellezza sia necessario smettere di chiedersi cosa sia il Bello in sé, nel suo mistero. È davvero questa la strada?

Capitolo primo
La prigione della bellezza

> Dipingevi una donna nuda, perché ti piaceva guardarla, le mettevi in mano uno specchio e chiamavi il dipinto *Vanità*, condannando cosí sul piano morale la donna di cui avevi raffigurato la nudità per tuo piacere. La vera funzione dello specchio era un'altra. Esso serviva a far sí che la donna fosse connivente nel trattare se stessa, innanzi tutto, come veduta.
>
> John Berger, *Questione di sguardi*[1].

Non è mai esistita una rappresentazione classica e unitaria della bellezza, nonostante gli occhi moderni ci portino a pensare il contrario. In ogni epoca e luogo hanno sempre convissuto ideali estetici e sensibilità differenti, e che ci sia stato in passato un consenso generale sulla bellezza è una nostra proiezione, un grande falso storico[2].

Ci sono state, però, delle ricorrenze, per esempio la convinzione che la bellezza fosse legata a proporzione e misura, e questo spiega anche il tentativo dei filosofi presocratici di trovare nel caos del mondo un principio in grado di dimostrare tutte le cose, di fare ordine.

La domanda «cos'è il bello?» nasceva proprio dal bisogno di capire se esistesse una bellezza oggettiva e se fosse possibile tradurla in parole e in criteri precisi. Nel corso del tempo la riflessione sulla bellezza è diventata un discorso sul corpo femminile e sulle misure che doveva avere per raggiungere l'ideale e per tenersi ben distante da quelle caratteristiche che l'avrebbero

[1] J. Berger, *Questione di sguardi*, il Saggiatore, Milano 2018, p. 53.
[2] U. Eco, *Storia della bellezza*, Bompiani, Milano 2018.

reso brutto o, peggio, mostruoso. Nel XII secolo, per esempio, il teologo Hugues de Fouilloy scriveva come dovevano essere i seni femminili: «Belli sono infatti i seni che sporgono di poco e sono modicamente tumidi, trattenuti, ma non compressi, legati dolcemente senza che ondeggino in libertà». Il corpo femminile è diventato progressivamente oggetto di una storia del pensiero, dell'arte e della letteratura scritta e diretta quasi del tutto dagli uomini, e non soggetto. La donna era qualcosa *di cui* si poteva parlare, non una persona *con cui* si poteva entrare in relazione, capace di descrivere e raccontare se stessa.

La società dei consumi.

Questo modo di guardare e rappresentare la bellezza è diventato, nel corso del tempo, sempre piú definito, fino a esplodere tra la fine del Settecento e l'inizio del Novecento, nel corso di un cambiamento totale di una società che stava assistendo a continue scoperte tecnologiche, alla nascita della grande distribuzione e all'affermazione della borghesia.

A cavallo tra la prima e la seconda rivoluzione industriale, a causa dei processi di urbanizzazione, nacque la società di massa: sempre piú persone si spostavano nelle città e iniziavano a lavorare nelle fabbriche, e nascevano cosí bisogni inediti legati all'igiene, all'istruzione, alla sanità, ai servizi. Questa mutazione avveniva soprattutto nell'Europa occidentale e nel Nord America, dove in pochissimo tempo si assistette a grandi cambiamenti economici, sociali e culturali e a un'accelerazione dei processi. Le masse popolari e il ceto medio borghese divennero piú importanti, sia come parti sociali sia come consumatori di beni e servizi. Tale crescita intensa si diffuse progressivamente anche ai Paesi meno ricchi.

In questo periodo la classe media iniziò a rappresentare i propri valori anche attraverso il gusto estetico, i costumi morali, i canoni architettonici, l'abbigliamento, il galateo, l'arredamento, inventando un codice rigido in base al quale giudicare il bello e il brutto, mettendo in relazione la bellezza con la praticità e l'utilità e diffondendo un unico modello possibile.

A metà dell'Ottocento, in particolare, iniziarono per la prima volta ad apparire su riviste e pubblicità immagini di «belle» donne e di corpi «giusti», che rappresentavano l'aspetto che una persona «civile» avrebbe dovuto avere e che spesso suggerivano l'acquisto di prodotti di bellezza. Fu l'avvio di una pressione sociale inedita fino a quel momento, perché essere belle stava diventando un dovere, specialmente per le donne borghesi, e bisognava fare di tutto per dimostrare di esserlo. Ne andava del proprio valore come persone.

Il modo contemporaneo che abbiamo di pensare alla bellezza, dunque, viene da qui, dalla creazione di un vero e proprio impegno sociale: non dobbiamo invecchiare, non dobbiamo ingrassare, dobbiamo nascondere le parti di noi che non rispettano gli standard. L'idea comune di bellezza deriva, quindi, da un «mito» che influenza le nostre vite e i nostri corpi, ponendoci sotto il peso di un giudizio, di una vergogna e di un'ansia costanti verso il nostro aspetto fisico.

Il mito della bellezza.

Nel 1991 le donne sembravano finalmente indipendenti, libere, bellissime e in carriera. Le lotte femministe avevano fatto il loro tempo, erano questioni del passato. Le donne avevano tutto ciò che potevano desiderare: la femminilità ma anche la realizzazione professionale, la maternità ma anche la possibilità di rimanere sensuali e attraenti.

In questo contesto, la giornalista Naomi Wolf pubblicò *Il mito della bellezza*, un libro in cui sosteneva che le donne non erano libere di agire come volevano, ma piú schiave che mai. Proprio come aveva fatto Betty Friedan con *La mistica della femminilità*, che nel 1963 aveva mostrato agli Stati Uniti che la mogliettina tutta casa e famiglia delle pubblicità era una donna disperata e infelice, a quasi trent'anni di distanza Wolf parlò di un sistema basato sulla colpa, la vergogna, il senso di inadeguatezza e la spinta a conformarsi a standard irraggiungibili.

Il modo in cui le donne venivano rappresentate in televisione, nelle pubblicità, nel cinema, sulle riviste, la pressione verso la soluzione di difetti, punti critici e tutto ciò che è connesso all'ideale di bellezza stavano influendo profondamente sulla percezione di sé, sull'identità personale, sulle scelte di vita.

Un mito moderno.

Secondo Wolf, il mito della bellezza nella sua forma moderna è un'invenzione abbastanza recente, perché è fiorito quando si sono allentate le coercizioni materiali nei confronti delle donne, cioè quando queste sono diventate indipendenti e visibili nello spazio sociale e hanno iniziato a esercitare, tra le altre cose, il diritto di voto.

Senza dubbio, in ogni epoca storica sono esistiti canoni di bellezza da seguire[3], come è vero che gli standard cambiano ancora oggi a seconda delle culture[4]. Il problema – come vedremo – sorge quando questi standard incidono sulle relazioni e le organizzazioni sociali, sul modo in cui il soggetto ha coscienza di sé e del proprio corpo, sulla sua salute mentale e quindi anche sulla possibilità di partecipare alla vita pubblica[5].

L'idea di Naomi Wolf è che questo canone moderno nasca intorno al 1830, con il diffondersi delle nuove tecnologie fotografiche e della grande distribuzione, dunque grazie alla diffusione di figurini, dagherrotipi, ferrotipi, rotocalcografie. Mai

[3] B. Ehrenreich e D. English, *For Her Own Good: 150 Years of the Experts' Advice to Women*, Anchor Press & Doubleday, New York 1978.

[4] C. E. Rucker e T. F. Cash, *Body Images, Body Size Perceptions and Eating Behaviors among African-American and White College Women*, in «International Journal of Eating Disorders», 3, 1992, pp. 291-99.

[5] Si vedano: T. F. Cash e T. Pruzinsky, *Body images: Development, Deviance, and Change*, Guilford, New York 1990; R. Ohring, J. Graber e J. Brooks-Gunn, *Girls' Recurrent and Concurrent Dissatisfaction: Correlates and Consequences over 8 Years*, in «International Journal of Eating Disorders», 31, 2002, pp. 404-15.

prima d'allora era stato possibile vedere cosí tante immagini di corpi e percepire l'esistenza di un modello ideale di bellezza a cui adeguarsi[6].

Wolf prende in esame soprattutto il contesto inglese e statunitense, ma il fenomeno riguarda tutti i Paesi che hanno conosciuto in quei decenni un intenso processo di urbanizzazione e industrializzazione. In alcune regioni certi prodotti culturali arrivavano con anni di ritardo, tuttavia si trattava di un contagio fortissimo e quasi inevitabile.

Questa spinta era dovuta in gran parte alla nascita della rete della grande distribuzione (grazie alla quale la cultura e l'editoria valicheranno i confini locali e arriveranno a classi sociali fino a quel momento escluse dal dibattito pubblico), quindi ai commerci, agli scambi, alla nascita del turismo, alla diffusione delle ferrovie e dei servizi postali e, di conseguenza, alla possibilità di accedere a produzioni culturali lontane.

Si trattava di un grande strumento per esercitare il *soft power*, cioè creare influenza e potere non attraverso la coercizione e le guerre, bensí mediante l'ampia diffusione di simboli, valori, idee, immagini[7]. In questo modo, in effetti, Stati Uniti, Inghilterra e Francia finirono per esercitare il proprio potere a livello internazionale, diventando centri di produzione e attrazione per la nuova classe borghese. Un romanzo o un capo d'abbigliamento prodotti a Parigi potevano essere spediti a Mosca o a Palermo, dapprima alle classi nobili, in seguito anche all'alta borghesia, e nel giro di qualche decennio potevano diffondersi pressoché in tutta la popolazione che era in grado di «consumarli», cioè di acquistarli.

[6] N. Wolf, *Il mito della bellezza*, Mondadori, Milano 1991, p. 8. Wolf suggerisce di consultare a questo proposito B. Newhall, *Storia della fotografia*, Einaudi, Torino 1997. Il libro, in realtà, non mostra esattamente la sua tesi, ma è un compendio interessante della storia delle tecnologie fotografiche e sui loro successi e insuccessi.

[7] Si tratta di un'espressione legata alla politica internazionale, coniata alla fine del Novecento dallo scienziato politico statunitense Joseph Nye e contrapposta all'*hard power*, cioè a un modello aggressivo basato sulla forza militare ed economica. Attraverso i prodotti culturali, secondo Nye, è possibile acquisire potere nella propria nazione e nelle altre grazie all'abilità nella creazione del consenso attraverso la persuasione.

Grazie a questi mezzi, il corpo femminile iniziò a diventare oggetto di rappresentazione: un'immagine poteva essere riprodotta in molti esemplari e diffusa attraverso cartoline, riviste, cataloghi, dépliant. Il che rendeva il corpo oggetto di sapere e permetteva di studiare dettagli fino a quel momento ignorati. Le donne rappresentate non erano donne comuni, ma costituivano un canone con cui misurarsi.

Gli uomini che detenevano il potere della rappresentazione (capitalisti, editori, commercianti) sceglievano il canone, che diventava sempre piú normativo, e le donne imparavano a esaminarlo minuziosamente. Sebbene i corpi rappresentati fossero molteplici, in realtà iniziava a costruirsi una «versione ufficiale» della bellezza femminile. I corpi, e in particolare i volti, dovevano essere belli e «normali», piacevoli e non disturbanti, perché servivano a diffondere ideali, teorie e, sempre di piú, prodotti in vendita.

Le immagini delle riviste venivano ritagliate e appese su quaderni e sui muri delle camere – lo farà anche Anne Frank negli anni del confinamento – e nel Novecento il cinema insegnerà anche come camminare, come atteggiarsi, come comportarsi con gli uomini, cosa fare e cosa non fare, quale donna essere e quale non essere.

La società dei consumi portava a considerare sempre piú necessari beni secondari, di lusso, non direttamente legati alla sopravvivenza, e la pubblicità spingeva a desiderarli, collegando questo desiderio alla promessa di felicità.

A causa di questo enorme cambiamento sociale ed economico, la bellezza femminile diventò un valore sociale, di conseguenza un'ambizione costante e un compito a cui ottemperare, qualunque fossero il proprio lavoro o la propria occupazione. Era una questione di decoro e civiltà, e nella nuova società di massa chiunque – sia chi si trovava in una posizione di privilegio, sia chi faceva parte di una classe svantaggiata – voleva dimostrare di sapersi comportare dignitosamente all'interno dello spazio sociale.

Per rispondere a questo bisogno iniziarono ad apparire libri e riviste in cui la bellezza dei corpi diventava sempre piú presente: in questo modo la bellezza smetteva di essere una caratteristica e diventava un obiettivo raggiungibile attraverso impegno e dedizione, lavoro sul corpo e autocontrollo[8].

Parleremo spesso, nei prossimi capitoli, del ruolo essenziale che questa produzione culturale ha svolto, prima di tutto definendo il campo di oggetti e discorsi che potevano e dovevano essere interessanti per una donna, che in questo modo diventava un soggetto standard, un target specifico e prevedibile, le cui caratteristiche e i cui pensieri erano trasparenti agli occhi delle redazioni. Tutto ciò che nelle riviste non era rappresentato – differenze di vita, aspettative, desideri, inclinazioni – era un fatto collaterale dell'identità femminile.

Oggi il mito è insidioso, e vedremo che per liberarsene non è sufficiente essere consapevoli della tossicità dei messaggi che passano in televisione, sui social e nei servizi fotografici delle riviste di moda. Si tratta di una grammatica con cui siamo stati programmati, e che dunque è molto difficile da estirpare.

Se un secolo fa Nora sbatteva la porta di *Casa di bambola* nel dramma di Ibsen, liberandosi di una certa idea di donna, oggi non abbiamo piú porte da sbattere. Il mito della bellezza è molto piú pervasivo e capzioso, e la bellezza rischia di svuotare le donne psicologicamente e distruggerle fisicamente[9].

Quando si parla di bellezza si tocca, in molte donne, un tasto dolente e un filtro con cui si osserva la realtà. Come ha scritto Wolf: «tutte le volte che ignoriamo o non ascoltiamo una donna alla televisione o sulla stampa perché la nostra attenzione è stata attratta dalla sua taglia, dal suo trucco, dal suo abbigliamento o dalla sua pettinatura, il mito della bellezza funziona al meglio della sua efficienza»[10].

[8] Cfr. E. Sullerot, *La presse feminine*, Armand Colin, Paris 1963, p. 52. Per un approfondimento, cfr. G. Lipovetsky, *Piacere e colpire. La società della seduzione*, Raffaello Cortina, Milano 2019.

[9] N. Wolf, *Il mito della bellezza* cit., p. 13.

[10] *Ibid.*, p. 313.

La religione della bellezza.

Non ricordo la prima volta in cui ho pensato che, se fossi stata piú magra, se avessi iniziato a vestirmi meglio e se avessi imparato a truccarmi, finalmente sarei stata felice. Deve essere accaduto molto presto, perché molto presto il mio corpo mi è apparso strano, indefinibile e sbagliato.

Eppure fin da giovanissima, insieme al senso di colpa ogni volta che sentivo di aver peccato – mangiando dolci o non facendo attività fisica – ho sentito emergere il desiderio di redimermi, di chiedere perdono.

L'ideale di bellezza da raggiungere ha, in effetti, dei caratteri molto simili a quelli di una religione che promette la salvezza e fa leva sul nostro senso di insoddisfazione, di impotenza, di inadeguatezza e sulla sindrome dell'impostore.

Si parte quindi dal peccato, dalla sensazione di aver agito male, di non aver fatto abbastanza, di non aver messo a frutto le proprie possibilità e i propri talenti: se il mio corpo non è conforme, se i pori del mio viso sono cosí dilatati, se il sorriso non è bianchissimo è perché sono stata pigra, indolente, una peccatrice. Avrei potuto e avrei dovuto impegnarmi di piú, e invece ho sprecato il mio potenziale, ho rovinato il corpo che mi è stato donato, non mi sono presa cura di me.

Il mercato è qui per questo, per salvarci, e in effetti è pieno di riti di purificazione e redenzione: ci perdona le nostre mancanze e ci offre ciò che ci può aiutare a redimerci. Ha il potere di farci ricominciare da capo, di dimenticare il passato e di ritrovare noi stesse. Non è, in fondo, un sistema tanto diverso da quello della vendita delle indulgenze di qualche secolo fa, e in effetti anche questo è basato sulla compravendita dell'assoluzione.

Si tratta di un sistema estremamente efficace che oggi viene sfruttato dal marketing e che è stato codificato in precise tecniche di vendita, usate per esempio dai centri estetici per la promozione di trattamenti costosi. Per quanto mi riguarda, mi è capitato spesso di entrare in un luogo di questo tipo con ansia e sollievo: sapevo che mi sarei sentita sotto osservazione, che sarei stata aiutata nel migliore dei casi e rimproverata nel peggiore, ma che comunque avrei potuto sperare in una soluzione. Per me questo senso di colpa e questa speranza di redenzione sono sempre stati legati al corpo, ma in molti altri casi le ansie riguardano il viso, le rughe, la mancanza di elasticità.

Qualche anno fa, però, in un centro in cui mi sottoponevo all'epilazione definitiva, la proprietaria mi propose di seguirla nel suo ufficio perché voleva propormi dei trattamenti per le occhiaie, anche se le avevo detto che non mi interessavano. Il suo intento era convincermi che il mio viso avesse un problema, secondo lei del tutto evidente per chi mi osservava, e che sarebbe senz'altro peggiorato nel giro di pochissimo tempo. Avrei potuto prevenire lo sfacelo grazie a una serie di sedute con un nuovo macchinario che avevano appena comprato.

Per quanto il mio intento fosse quello di osservare le tecniche di vendita che stava usando, e per quanto avessi goduto nel dirle, al termine della sua orazione, che i trattamenti non mi interessavano, mi stupii, tornando a casa, di vedere allo specchio qualcosa di diverso dal solito: forse aveva ragione, forse le mie occhiaie erano davvero preoccupanti, di sicuro le notavano tutti. Mi davano un'aria stanca, mi rendevano piú brutta. Forse avrei potuto fare una prova, che male c'è a sentirsi piú a proprio agio con se stesse?

Quello che stava succedendo accade piú volte nella vita di una donna: un aspetto del tuo corpo su cui non avevi mai posto l'attenzione diventa oggetto di pensiero, di sapere, di riflessione, di ricerca. Basta poco, a quel punto, perché si finisca con il passare ore su internet a cercare le soluzioni possibili, cosmetiche o di medicina estetica, e a spendere soldi in tentativi che saranno sempre vani, che ti daranno un picco di soddisfazione immediata ma che poi ti lasceranno sempre insoddisfatta. O a provare fastidio per non poter spendere soldi in questo genere di cose.

Del resto, il sistema si basa sempre sulla tua insoddisfazione, perché una volta che le occhiaie sono diventate il tuo pensiero, il tuo pensiero diventa una fissazione, un cruccio a cui torni piú volte al giorno, per cui cerchi rimedi in modo costante. La religione della bellezza si basa sul riconoscimento del tuo senso di insoddisfazione, sull'illusione di poterlo risolvere, ma in realtà alimenta la frustrazione che provi nel non esserci riuscita, e quindi il desiderio di trovare altri modi, altri prodotti, altri trattamenti.

Non si tratta di un discorso nuovo, ma di qualcosa a cui il genere femminile è sempre stato sottoposto: ci sentiamo ancora sporche, sbagliate, portatrici di qualcosa da purificare, e quasi tutte abbiamo un'immagine del nostro corpo ben peggiore di quella che è in realtà. Del resto, come scriveva Wolf, «il peso di una narrazione che da 5000 anni spiega alle donne da dove vengono e di cosa sono fatte non si può scrollare di dosso in due decenni»[11]. E se prima occorreva essere sessualmente caste per redimersi dal peccato di essere nate in un corpo femminile, oggi bisogna essere «dieteticamente caste per il dio della Bellezza»[12].

Laurie Penny sostiene addirittura che non ci sia cosí tanta differenza tra quello che si legge su una rivista femminile e l'*Ancrene Wisse*, il manuale per le anacorete del XII secolo[13]. In fondo, si tratta sempre di abnegazione, disciplina, dedizione; è necessario rispondere a parole d'ordine, regole, dogmi, principî guida che costituiscono un controllo sulle menti, sui corpi, sui soldi, sul tempo libero. È un orrore pubblico verso la carne femminile che ci rende meno «moderni» e «civili» di quanto pensiamo.

I riti della bellezza.

I «riti della bellezza» promettono alle donne la salvezza, la luce, la grazia, e per farlo non hanno solo necessità che le donne si vergognino del proprio corpo e della propria bellezza insufficiente, ma che provino anche l'imbarazzo di dire che si

[11] *Ibid.*, p. 101.
[12] *Ibid.*, p. 105.
[13] L. Penny, *Meat Market. Carne femminile sul banco del capitalismo*, Settenove, Cagli 2013, p. 75.

piacciono già. Pensare di essere bella e di non aver bisogno di miglioramenti significa essere vanitosa e presuntuosa: immersa in un mondo che promette di risolvere i tuoi problemi, non puoi dire di non averne.

Perché continui a far finta di niente? Non vuoi davvero vedere la realtà? Dov'è la luce che dici di avere, per cui non ti servono illuminanti, prodotti a effetto glowy, sbiancanti, schiarenti, antiossidanti? Perché non ammetti di essere smarrita e vulnerabile? Forse sei cosí inconsapevole che neppure te ne accorgi?

Sacerdoti e sacerdotesse della bellezza cercano di ricordartelo in ogni momento, e se prima questo accadeva con forme di rimprovero, oggi avviene facendo ricorso a toni sempre piú accoglienti e magnanimi. Non hai davvero niente di cui rimproverarti, devi solo essere consapevole e prenderti cura di te. Siediti, acquista i «prodotti di culto» e affidati alle «persone addette alla conversione» che ti trasformeranno, un po' come Audrey Hepburn in *My Fair Lady*. Anche se non raggiungerai mai quella grazia, *ça va sans dire*.

Eppure, dopo l'estasi iniziale – che avviene nei centri estetici, dal parrucchiere, nelle profumerie o sempre piú spesso online –, l'adepta si accorge che l'acquisto che sembrava una salvezza perde progressivamente la sua aura. Non è sufficiente per placare il senso di inadeguatezza, serve ancora qualche altra cosa[14]. Non può usare creme di scarsa qualità e deve provare sempre nuovi accorgimenti. Il marketing, in fondo, non vuole che lei sia mai davvero soddisfatta di quello che ha trovato. Se usasse la stessa crema per tutta la vita, non farebbe girare l'economia.

La colpa non sarà certo del singolo prodotto, ma dell'adepta. Della sua mancanza di costanza e disciplina, della sua pelle asfittica che non reagisce ai trattamenti, forse delle sue aspettative troppo alte. Non credeva mica che una crema viso potesse toglierle per sempre le rughe? Se non altro però, usandola, ha migliorato l'aspetto della pelle, che adesso è piú idratata. D'altra parte, i miracoli non sono di questo mondo.

[14] N. Wolf, *Il mito della bellezza* cit., p. 118.

Se le chiedessimo se si considera un'adepta della religione, ogni donna negherebbe, direbbe che compra solo qualcosa ogni tanto, che è libera dall'ossessione. Ecco perché il mito è insidioso: si nasconde, si rende invisibile, vive tra i pensieri, diventa sempre piú intangibile, modifica i messaggi pubblicitari appropriandosi – in questi anni – anche dei discorsi *body positive* e dell'idea di cura di sé. Si mostra sempre piú innocuo, ma diventa sempre piú pervasivo.

Perché ci piacciono le creme?

Questo discorso, come tutti quelli di questo libro, mi riguarda. Amo moltissimo la *skincare*, cioè la cura della pelle, e non credo sia un caso che questa passione sia nata quando ero appena diventata madre. Dormivo pochissimo e non riuscivo a capire cosa sarei riuscita a fare nella vita, e in realtà non mi interessava migliorare davvero la texture della mia pelle e la grana dei miei pori, avevo solo bisogno di qualcosa che mi meravigliasse, stimolasse la mia curiosità e avesse in sé un aspetto magico.

Secondo Wolf, i prodotti di bellezza agiscono infatti a livello onirico e ti danno una protezione che non riesci a ottenere altrove[15]. Nel mio caso, non riuscivo a mettere insieme l'immagine di me che avevo prima di diventare madre e ciò che stavo scoprendo di me dopo esserlo diventata, che mi sembrava cosí diverso e irreversibile. Non esistono olii che abbiano un effetto miracoloso sulla pelle, ma esistono gesti e rituali che ci restituiscono il rapporto con il corpo e ci fanno percepire di piú con tutti i sensi.

I cosmetici evocano odori e sensazioni che suscitano emozioni e ti danno l'impressione di essere nutrita: «Ci prendiamo noi cura di te, tu devi solo avere il coraggio di dirti perché lo fai, cioè perché tu vali. Il resto sta a noi, non ti preoccupare». Ciò su cui fanno leva sopra ogni cosa, quindi, è la promessa di

[15] *Ibid.*, p. 127.

abbassare il nostro carico mentale, quel vaso di Pandora fatto di pensieri che si affollano, ansie, senso del dovere e anche speranza, proprio come racconta il mito.

Ed è la speranza quella che arriva al cervello di chi guarda la classica pubblicità di una crema idratante: una donna a casa la sera, davanti allo specchio, si applica il prodotto e sorride. Alla fine di una giornata faticosa in cui ha cercato di tenere insieme tutti i pezzi della sua vita, di non trascurare nessuna delle persone di cui si prende cura, di lavorare bene senza deludere nessuno, ecco finalmente qualcuno o qualcosa che si prende cura di lei. Mentre dorme, la crema agisce e riattiva il turnover cellulare, accelera il metabolismo, spinge la sua pelle a produrre piú collagene. La rivitalizza, e lei può riposare.

Ecco perché le creme sono cosí piene di alimenti nutrienti, che fanno gola, ma che devi evitare di mangiare, altrimenti ingrassi. Sulla pelle, al contrario, l'avocado, il miele, l'olio di macadamia, gli estratti di frutta ti rendono piú bella, danno turgore, ti saziano. Non ti senti in colpa per esserti spalmata l'olio sul corpo, non senti quel senso di peccato che provi quando l'olio d'oliva lo versi sull'insalata o sulla pasta. Quello è sbagliato perché ti rovina, mentre sul corpo puoi abbondare, anzi, devi cercare di nutrire sempre la pelle, di essere disciplinata.

La tua fame di vita e il tuo bisogno di riposo trovano nella cura della pelle la loro soddisfazione, e allora è chiara la ragione per cui compri cosí tanti prodotti. Fai scorta, ne cerchi sempre di nuovi e ne aggiungi progressivamente man mano che passa il tempo (antirughe, crema per gli occhi, crema per il collo, siero per le ciglia).

Il controllo di sé.

Di fronte a questi messaggi, noi donne siamo inermi perché sempre piú isolate. La mattina e la sera, davanti allo specchio, siamo quasi sempre sole, confuse, stanche. La religione della bellezza è l'unica che ci faccia sentire coinvolte, che ci metta davvero al centro, che ci faccia sentire di avere potere. «Se il mito della bellezza è una religione, – scriveva Wolf negli anni Novanta, – è perché a noi donne mancano ancora dei riti che includano»[16].

Quella della bellezza diventa quindi una religione surrogata che ci aiuta a sbarazzarci dei pensieri («take the day off» è il nome di un prodotto struccante molto famoso, che oltre al make-up promette di tirare via tutto quello che hai accumulato durante il giorno) e che ci offre l'idea di vivere un culto, di avere una liturgia da celebrare anche quando tutto il resto sembra precario e comporta un impegno che prosciuga le nostre energie.

Ed ecco perché, tra donne, molto spesso si parla di corpo, creme, trattamenti, crucci, cioè si pratica una forma di teologia. Ma se nella nostra cultura il calcio appare chiaramente come un'epica associata al genere maschile – su cui è lecito fare filosofia senza creare scandalo –, troppo spesso i trattamenti di bellezza vengono liquidati come frivolezze senza scopo, anziché essere visti come il surrogato di qualche altra cosa che alle donne ancora, nonostante tutto, non è concesso.

Tuttavia non si tratta di una religione davvero permissiva, perché ti dà quello che ti serve, però in cambio ti chiede moltissimo. Ministri e ministre del culto conoscono bene i tuoi peccati, ti assolvono ma ti chiedono costanza e disciplina. Sono un'autorità, non fanno sconti. Conoscono la verità su di te, possono trasmettertela, e farà male. In questo modo, creano uno scudo verso il mondo esterno: se qualcuno ti farà dei complimenti, tu non ci crederai e li rigetterai, perché saprai la verità. Chi dice di apprezzare il tuo aspetto non conosce davvero quanto sia profondo il tuo peccato.

Questa religione riguarda in larga parte il «controllo del peso», che richiede numerosi gesti apotropaici e sacrifici nel corso di ogni giornata. Coltivi ogni mattina la speranza di schivare le tentazioni e di fare in modo che il corpo – questo involucro pesante che non fa quello che vorresti, che ha un metabolismo

[16] *Ibid.*, p. 315.

lento e richiede un sacco di sforzi – si attivi e si snellisca, almeno un po' per volta. Devi mangiare poco, nutrirti con i cibi migliori possibili, cercare alimenti *detox* e *superfood*, rimanere sempre aggiornata. Il tuo corpo non è solo tuo: è un biglietto da visita, un fatto pubblico, qualcosa che non puoi nascondere.

Se la *skincare* è la liturgia del sollievo e della purificazione – che comporta la rimozione di cellule morte, la pulizia profonda, lo scrub, lo schiacciamento dei punti neri –, la dieta è una maratona che non finisce mai e in cui le tue prestazioni sono sempre migliorabili e mai sufficienti. Il tuo nemico sei tu: la tua pigrizia, i tuoi punti deboli, i «punti critici» del tuo fisico, la tua fame insaziabile, i tuoi desideri. Devi prendere il controllo se non vuoi rovinare tutto, e quindi finisci per cercarlo in ogni altro aspetto della tua vita.

Non puoi rilassarti e non puoi davvero riposarti, perché rischi di vanificare gli sforzi. Non puoi distrarti mai, perché l'attenzione maniacale nei confronti del corpo è uno dei tuoi compiti sociali. Non puoi sentirti a tuo agio, perché nel tuo corpo accadono piccoli mutamenti costanti a cui devi fare attenzione. È un corpo che invecchia, che si avvicina sempre di piú alla morte, anche se non te ne rendi conto. Non taglierai mai il traguardo della maratona, perché non esiste. Come Sisifo, condannato a spingere sulla cima di una collina un macigno che, quando lui riusciva a raggiungere la vetta, rotolava giú al punto di partenza, costringendolo a ricominciare da capo per l'eternità.

Questa dilazione del tempo è essenziale a ogni religione – la salvezza è sempre al di là della collina –, dunque anche a quella della bellezza, e fa leva sulla fede di chi la segue. Non puoi mettere in discussione ciò che ti viene proposto, perché rappresenta l'unica via per salvarsi. Devi compiere sforzi e sopportare le ingiustizie e la fame, perché poi avrai la tua ricompensa. Devi autocontrollarti, perché sacerdoti e sacerdotesse del culto non sono accanto a te ogni volta che ti siedi a tavola o devi fare il tuo workout quotidiano.

Spostare la salvezza nel futuro impedisce di essere efficaci nel presente, di sentirsi in diritto di godersi i momenti. La religione della bellezza ti fa sperare nel futuro, non ti spinge a desiderarlo. Anzi, accresce la paura nella vita, negli imprevisti, nella tua capacità di agire.

Non puoi neppure, come ogni fedele, vantarti di essere migliore degli altri, perché finiresti come Aracne nella sfida contro Pallade: trasformata da donna a ragno a causa della propria vanità[17].

La ricerca del desiderio.

La religione della bellezza si basa sulla speranza, non sul desiderio. Non è un caso che la speranza fosse l'ultimo male contenuto nel vaso di Pandora, e che secondo il mito Zeus elargisse la polvere di fata Speranza per far credere agli umani che il male sarebbe passato. Come ha scritto Nietzsche: «Giove volle cioè che l'uomo, per quanto tormentato dagli altri mali, tuttavia non gettasse via la vita, e continuasse invece a farsi tormentare sempre di nuovo. Perciò egli dà agli uomini la speranza: essa è in verità il peggiore dei mali, perché prolunga le sofferenze dell'uomo»[18].

Speranza e promessa di redenzione hanno un effetto enorme sulla vita delle società e delle persone che le abitano, e se secondo Miguel Benasayag e Gérard Schmit tutta la cultura occidentale si è costituita a partire da un «non ancora» carico di promesse messianiche – dunque sulla speranza che la felicità potesse arrivare nel futuro, mentre il presente rappresentava una valle di lacrime –, quella in cui viviamo oggi non è un'epoca davvero ottimistica[19].

A muoverci non è piú il desiderio, ma il bisogno di proteggerci dai pericoli e uscirne indenni. Del resto, la gioia e la meraviglia appaiono sempre di piú come noiose e illusorie, la felici-

[17] Cfr. Ovidio, *Metamorfosi*, Einaudi, Torino 2015, ibro VI,.

[18] F. Nietzsche, *Al di là del bene e del male*, Adelphi, Milano 1977.

[19] M. Benasayag e G. Schmit, *L'epoca delle passioni tristi*, Feltrinelli, Milano 2014, pp. 13-15.

tà come irraggiungibile e transitoria, mentre «le passioni tristi, l'impotenza e il fatalismo non mancano di un certo fascino»[20].

Eppure, «solo un mondo di desiderio, di pensiero e di creazione è in grado di sviluppare dei legami e di comporre la vita in modo da produrre qualcosa di diverso dal disastro»[21]. La nostra società, infatti, fa apologia delle voglie e dei bisogni, non del desiderio, e dunque sostituisce quella che Spinoza nell'*Etica* definiva «l'essenza stessa d'ogni essere umano» con una sua ombra impoverita[22].

Viviamo in un sistema che ci spinge a volere forsennatamente prodotti e servizi sempre nuovi, ma ci mette in guardia dai desideri e dagli appetiti che vengono da noi e che non hanno bisogno di nient'altro per essere soddisfatti. Si tratta di un desiderio normalizzato, controllato e prevedibile, che non è in grado di saziare davvero ma che appare come l'unico cibo a disposizione. Come ha scritto Guy Debord, se le persone non trovano quel che desiderano si accontentano di desiderare quello che trovano[23].

Non coltivare il desiderio significa ignorare il corpo e ciò di cui è capace, e questo è uno degli effetti principali della malattia della bellezza, che ci allontana dalle sensazioni, dalle intuizioni, da ciò che mette in crisi il sistema socioeconomico su cui il mito si è costruito.

Il mito della bellezza, come vedremo nei prossimi capitoli, ci fa identificare con le nostre mancanze e ci fa dimenticare le nostre capacità. Ci separa dal corpo, ci rende sempre meno capaci di ascoltarlo e sposta all'esterno di noi ogni attenzione.

Non si tratta di una questione puramente estetica, ma di una tecnica politica di esercizio del potere. In altre parole, di una prigione dorata in cui non ci rendiamo conto di essere rinchiuse.

[20] *Ibid.*, p. 110.

[21] *Ibid.*, p. 55.

[22] B. Spinoza, *Etica*, Laterza, Roma-Bari 2014; Parte terza: *Essenza ed origine delle emozioni*,.

[23] G. Debord, *La società dello spettacolo*, Massari, Bolsena 2002. Ho scritto di questo tema con A. Colamedici in *La società della performance*, Tlon, Roma 2018.

Capitolo secondo

La bellezza e l'esercizio del potere

Svelare la prigione della bellezza non ha semplicemente lo scopo di rivendicare il diritto delle donne di fare quello che vogliono, di vestirsi e truccarsi come preferiscono e di non avere paura di ingrassare o di invecchiare, ma aiuta a riconoscere le strutture di potere che innervano tutta la nostra società.

Concetti come il decoro, la morale e la civiltà ci sembrano naturali, autoevidenti e frutto di una sensibilità «umana» e non storicamente situata. Al contrario, si tratta di prodotti sociali piuttosto recenti, di meccanismi di sorveglianza e autosorveglianza che l'umanità, in certe condizioni, ha creato e che, anche per questa ragione, fatica a vedere.

La qualifica professionale della bellezza.

La questione della bellezza, infatti, ha poco a che fare con l'estetica e molto con le relazioni di potere. In particolare, permette di osservare la complessità dei rapporti tra genere e classe: le donne subiscono uno sguardo particolare in quanto donne, ma donne di classi diverse vengono trattate in modi diversi. Ulteriori differenze si manifestano quando si parla di donne nere o donne trans, ovvero quando si inizia a osservare l'intersezione tra caratteristiche differenti.

In ogni caso, le donne devono avere la «qualifica professionale della bellezza»: cioè devono essere belle se hanno un lavoro privilegiato, e devono esserlo anche se sono disoccupate. Si tratta di un pensiero costante del tutto inimmaginabile per i colleghi maschi. Illuminante, a tal riguardo, una scena della serie tv *La meravigliosa signora Maisel*, divenuta ormai iconica: Midge è una donna newyorchese bellissima, magrissima, elegantissima, con una casa sempre ordinata, un marito perfetto e due splendidi figli, un maschio e una femmina[1]. È lo stereotipo della donna degli anni Cinquanta, simbolo di fortuna e leggerezza, ma che in realtà nasconde un'enorme insoddisfazione, e che soprattutto fa una grandissima fatica a tenere tutto sotto controllo.

Nella prima puntata della serie tv, Midge finge di addormentarsi accanto al marito, ma in realtà è ancora truccata e pettinata, e sta solo aspettando che lui inizi a russare. Quando è sicura che l'uomo stia dormendo si alza dal letto e va in bagno, dove finalmente può togliere via il trucco, mettere la crema notte e avvolgere i capelli nei bigodini. A quel punto torna a letto accanto al marito, per alzarsi all'alba e andare in bagno, dove toglierà i bigodini e si truccherà di nuovo, infilandosi sotto le coperte appena in tempo per dare il buongiorno a Joel. Lui sarà quindi convinto che quella sia la «bellezza naturale» della moglie, la quale mette in atto queste pratiche a sua insaputa, replicando esattamente ciò che la madre le ha insegnato. La bellezza è uno dei compiti di una moglie e va eseguito soprattutto facendo in modo che gli uomini non se ne accorgano. E se fosse una trasmissione femminile, una superstizione intergenerazionale, il desiderio di compiacere i mariti, e non propriamente un fatto sociale?

In realtà, anche quando alle donne non è espressamente richiesto di essere belle – a meno che non debbano attenersi a un *dress code* preciso, come quello che Trump impose alla Casa Bianca o FoxNews alle proprie dipendenti – viene sottolineata la loro inadeguatezza nel momento in cui non lo sono. Dalla nascita della società di massa le donne hanno imparato a considerare la loro bellezza come parte del sistema economico.

La bellezza, in questo modo, è diventata un meccanismo di controllo semplice e poco impegnativo a livello sociale. Un meccanismo che non va esplicitato, alimenta il mercato e impedisce

[1] La serie tv è disponibile sulla piattaforma Amazon Prime Video.

alle donne di acquisire troppo potere. Anche chi riuscirà a ottenerlo, infatti, dovrà sempre occuparsi della bellezza, prestare attenzione a come appare, e si sentirà sempre un impostore. Tutto ciò ha molto a che fare con il rapporto tra bellezza e lavoro.

Se l'industria ha restituito alla donna la possibilità di essere indipendente e se il mondo del lavoro l'ha riammessa alla produzione sociale, l'ha fatto con regole piú stringenti, mettendole addosso la paura di essere sbagliata, inadeguata, mai abbastanza bella, e di conseguenza sempre a rischio di espulsione. Lei deve quindi assolvere i propri doveri, essere perfetta, rispettare tutte le regole ed essere una brava bambina. Innocua, carina, dimessa, non esagerata, mai ambiziosa. Non deve occupare troppo spazio.

È una coercizione piú capziosa di quella che le donne hanno subito in altre epoche, perché le illude che possano fare qualcosa, che dipenda da loro, e le convince che se ritengono ridicolo il mito stanno mettendo in dubbio tutto l'ordine sociale. Le streghe non vengono piú bruciate, tutt'al piú sono invitate a depilarsi e a vestirsi come è decoroso che sia. In questo modo, non solo saranno accolte e accettate, ma addirittura rispettate e amate. Non piú il Grande Fratello di Orwell che ti controlla, ma il Grande Fratello benevolo che ti spinge a impegnarti di piú, a diventare la versione migliore di te. Il corpo è un'entità animalesca e primitiva da addomesticare, il vestito da strega è solo un costume in vendita in ogni centro commerciale.

E in effetti il primo modo per redimersi è comprare. Lo shopping compulsivo è una «patologia» femminile, sono le donne a non sapere mai cosa mettersi e a volere sempre qualcosa di nuovo; e nei Paesi sviluppati sono le donne ad acquistare piú dell'80 per cento dei prodotti venduti, di qualunque ambito[2].

Le donne hanno stipendi piú bassi degli uomini ma spendono di piú, e in questo modo devolvono al mercato quasi tutto ciò che guadagnano. Investono di meno, sono meno indipendenti a livello finanziario, sono meno educate alla gestione del dena-

[2] P. Gogoi, *I Am Woman, Hear Me Shop*, in «Bloomberg Businessweek», febbraio 2005.

ro, ed è proprio a loro che quasi tutte le pubblicità si rivolgono, che si parli di pannolini, arredamento o spesa alimentare.

Il genere considerato ancora debole, inferiore e disprezzato è quindi una grande risorsa di lavoro salariato, lavoro domestico non retribuito, riproduzione e consumo. Moltissimi settori – ma in generale tutto il sistema neoliberista – collasserebbero senza la forza femminile. Ecco perché molte studiose cercano ancora di sottolineare che questo sistema ha il carattere di un'oppressione di classe, piú che di una discriminazione di genere.

Criticare il mito della bellezza senza mettere in discussione la società di mercato significa chiedere al sistema neoliberista di essere un po' piú gentile, un po' meno aggressivo, e probabilmente riuscire a ottenerlo: chi ha un target femminile non vuole perdere consenso e fatturato, cercherà nuove strade per far leva sull'insoddisfazione e l'infelicità delle donne, spingendole però sempre a comprare.

Lo scopo di questo discorso non può essere semplicemente affermare che come essere umano voglio fare quello che mi piace davvero, ma capire perché non posso farlo. Parlare di mito della bellezza è dunque l'occasione per mettere in crisi un sistema complesso di meccanismi socioeconomici.

L'organizzazione del lavoro.

Il lavoro femminile salariato ha un paio di secoli, e oggi sembra scontato che le donne possano avere tutto: carriera, figli, tempo libero per sé. Eppure, ciò non vuol dire che le donne siano state sollevate dagli impegni, semmai che ne hanno di ulteriori[3]. Capita spesso che donne molto anziane sostengano che, sebbene ai loro tempi non fossero libere, non vivrebbero volentieri la

[3] In Italia il 59,3 per cento delle donne fra i 15 e i 34 anni non lavora e non cerca lavoro, e una su cinque lascia il lavoro quando diventa madre. Questo accade in gran parte per la difficoltà di conciliare il lavoro domestico – non pagato, e quindi non considerato lavoro – con il lavoro fuori casa. *Occupazione femminile: meno donne lavorano, piú l'Italia diventa povera*, in «Vita», 16 aprile 2021.

vita di una donna adulta di oggi, costantemente occupata dalla ricerca della perfezione, sempre in colpa per quello che non è riuscita a fare. Ci dicono che *possiamo* fare tutto, ma in realtà significa che *dobbiamo* fare tutto, anche se il tempo oggettivamente non c'è.

La bellezza non è solo del corpo, ma anche della casa, che deve essere pulita, con un arredamento elegante, per dimostrare di essere civili. Se *elegante* viene da *e-ligere*, cioè «scegliere», allora l'eleganza è di chi sa selezionare ed è in grado di riconoscere tra le cose del mondo ciò che vale la pena eleggere, sollevare dall'indistinto, e sa metterlo in relazione armonica con il tutto. Ma quando la scelta viene fatta sulla base dello sguardo esterno e della paura del giudizio, finisce con l'essere ubbidienza, non eleganza.

Laurie Penny scrive che «ci sentiamo in colpa per lo stato delle nostre case, proprio come ci sentiamo in colpa per lo stato dei nostri corpi. Ci vergogniamo di essere guardate se non abbiamo tutto sotto controllo, per paura di non essere abbastanza degne del concetto di femminilità concepito dalla società»[4].

Se la donna ha la casa sporca e in disordine vuol dire che non riesce a tenere neanche il resto sotto controllo. È una fallita. Questo genere di ansia è comune nelle donne – quante volte vi è capitato che vi chiedessero scusa perché la casa era un disastro, e invece era pulita e ordinata? – ma non negli uomini, proprio perché è un fatto culturale, un'invenzione. E non riguarda solo le madri, ma anche chi vive da sola e non ha figli, qualunque età abbia.

Ecco perché, anche quando si è stanche, il senso del dovere spinge a mettere in ordine e pulire. Questa però non è cura di sé, ma lavoro. Per Penny, la fatica domestica è – ancora una volta – una costruzione del capitalismo. Allo stesso modo, è situata storicamente l'idea che il regno della donna sia dentro le pareti di casa. Non si tratta, ovviamente, di un fatto recente, ma di un processo che ha conosciuto varie fasi attraverso le qua-

[4] Cfr. L. Penny, *Meat Market* cit., p. 73.

li si è reso sempre piú subdolo. E, sebbene il ruolo della donna di casa non sia affatto nuovo, secondo alcune autrici rimane il frutto recente delle società industrializzate. È solo nelle città e intorno ai centri industriali che la casa diventa realmente lo spazio contenuto tra le mura di un edificio, un luogo chiuso e separato dall'esterno.

In *Family Fortunes*, le storiche Leonore Davidoff e Catherine Hall discutono delle relazioni di genere e di classe tra il 1780 e il 1850, sostenendo che la separazione tra pubblico (il mercato del lavoro) e privato (la casa) ha subito una riconfigurazione in quell'epoca, con la conseguenza che il lavoro si è spostato del tutto fuori dalle case, le quali sono rimaste territorio esclusivamente femminile[5].

Anche il culto della vita domestica e dell'amore materno, che implicava una costante sorveglianza di bambine e bambini e sosteneva che il lavoro femminile comportasse sia la fatica della gestione domestica sia la ripetitività delle mansioni, nacque con la rivoluzione industriale[6].

L'idea delle «sfere separate» non era una divisione immutabile tra donne e uomini, ma il prodotto di un particolare momento storico che avrebbe avuto effetti sulla società a venire, sulle vite personali, sulla politica, sull'ambiente urbano[7]. Eppure tale discorso non veniva divulgato come una scelta operata da chi aveva egemonia, ma sempre di piú come un fatto naturale.

I ruoli di genere.

I piú recenti studi di genere hanno illuminato il modo in cui negli ultimi secoli il matrimonio e l'eterosessualità hanno costituito il fondamento dell'ordine sociale, cambiando e codificando in maniera sempre piú rigida i rapporti tra uomini e donne.

[5] L. Davidoff e C. Hall, *Family Fortunes. Men and Women of the English Middle Class 1780-1850*, Routledge, London 2018.

[6] E. Badinter, *L'amore in piú. Storia dell'amore materno*, Fandango, Roma 2012.

[7] L. Davidoff e C. Hall, *Family Fortunes* cit., *Introduction to the third edition*, p. XVIII.

In *Queer. Storia culturale della comunità LGBT+*, Maya De Leo spiega come sono cambiate le costruzioni di genere tra la fine del Settecento e la prima metà dell'Ottocento, specie in merito al controllo delle nascite e della sessualità. Se già nel Medioevo iniziavano a diffondersi penitenziali e altri testi che avevano lo scopo di definire i comportamenti sessuali leciti e quelli illeciti, il dibattito medico aveva ignorato fino al Settecento ciò che era connesso alla maternità e alla gravidanza. Da quel momento, però, tali temi diventarono l'oggetto di monografie e manuali, nei quali si cominciava a idealizzare la maternità e ad associare le donne alla funzione riproduttiva e di nutrici. Accadeva sia in Inghilterra sia in Francia, in cui veniva condannato il baliatico, cioè l'usanza delle donne ricche di prendere delle balie che si occupassero di *maternage*, allattamento, crescita dei bambini. Per le donne, senza distinzione di classe, «la riproduzione non solo coincide con l'obiettivo dei rapporti sessuali ma esaurisce l'intero orizzonte esistenziale»[8]. Il genere femminile si saldava cosí alla maternità e la missione riproduttiva esauriva il fine naturale della vita di una donna, il cui spazio era confinato entro le mura domestiche. Inoltre, i manuali medici presero a stigmatizzare le pratiche sessuali non penetrative, dando centralità al solo sesso riproduttivo eterosessuale. Come ha scritto Tim Hichcock, alla fine del Settecento in Inghilterra il sesso diventò fallocentrico, tutte le altre attività erano semplicemente preliminari[9]. Le pratiche sessuali non riproduttive (per esempio la masturbazione) furono percepite come patologie da guarire. Il modo in cui vediamo il sesso (e cosa definiamo come atto sessuale) è frutto quindi di una narrazione, di una letteratura, di una visione del mondo, di un immaginario piuttosto recente.

Se il ruolo della donna era essenzialmente quello di procreare, e se la crescita demografica era fondamentale per lo sviluppo economico del nuovo settore industriale, ne conseguiva che la condotta sessuale femminile doveva essere messa sotto control-

[8] M. De Leo, *Queer. Storia culturale della comunità LGBT+*, Einaudi, Torino 2021, p. 11.

[9] T. Hichcock, *Redefining Sex in Eighteenth-Century London*, in K. M. Philips e B. Reay (a cura di), *Sexuality in History. A Reader*, Routledge, New York 2002, p. 191.

lo. Era una divisione dei generi sostenuta anche da Jean-Jacques Rousseau, e come argomenta De Leo non si trattava della semplice riproposizione di un'asimmetria tradizionale (l'uomo attivo e forte, la donna passiva e debole), ma di una novità settecentesca, basata sulla contrapposizione tra maschile e femminile, e quindi su un binarismo di genere rigido e schematico, legato al mercato del lavoro e al mantenimento dell'ordine sociale[10].

Secondo Anne Fausto-Sterling, è importante sottolineare che etichettare qualcuno come maschio o femmina è una decisione sociale. Sono le credenze sul genere a definire come una persona verrà percepita socialmente, nonché la conoscenza che gli scienziati produrranno sul sesso[11].

In altre parole, in quell'epoca iniziò a definirsi una serie di sovrastrutture che miravano a contenere il cambiamento e ad assicurare l'ordine sociale, l'accelerazione industriale, la crescita della popolazione. Gravidanza e parto diventarono oggetto di dibattito scientifico (i medici iniziarono a occuparsene, mentre fino a quel tempo non ne erano stati interessati), come pure la sessualità femminile e la cosiddetta isteria. Se ci fermiamo ad analizzare le numerose idee di quel tempo, ci rendiamo conto di quanto fossero piene di pregiudizi sul corpo femminile, sull'intelligenza delle donne, e di quanto, in molti casi, siano state pericolose anche per la loro salute. Non è un caso che fossero idee professate da uomini, gli unici a poter avere una formazione universitaria[12]. È importante rendersi conto che non si trattava di casi isolati e di idee strampalate di scienziati misogini, ma di una vasta letteratura basata su false credenze legate al genere.

[10] M. De Leo, *Queer* cit., p. 12.

[11] A. Fausto-Sterling, *Sexing the Body. Gender Politics and the Construction of Sexuality*, Basic Books, New York 2000, p. 3.

[12] Per un racconto ironico e amaro di quelle idee, consiglio il fumetto di Liv Strömquist, *Il frutto della conoscenza*, Fandango, Roma 2017.

La medicina e la malattia delle donne.

Nella primavera del 1969 a Boston ebbe luogo un raduno di donne con lo scopo di confrontarsi, in particolare su tutto ciò che era legato al corpo: iniziò cosí un processo a catena che coinvolse un numero sempre maggiore di donne e che diede vita a un libro, *Noi e il nostro corpo*, in cui per la prima volta venivano spiegati i processi principali dell'anatomia e della fisiologia delle femmine genetiche. La prefazione esprimeva chiaramente perché al centro del discorso non ci fosse solo la biologia, ma un intreccio di politica, socialità, economia, possibilità di indipendenza:

> Immaginate una donna che cerchi di fare un lavoro e di avere un rapporto paritetico e soddisfacente con altre persone, ma intanto si sente fisicamente debole perché non ha mai accettato di essere forte; esaurisce tutta la sua energia cercando di cambiare faccia, figura, capelli, odore, cercando di uniformarsi a qualche modello ideale stabilito dalle riviste, film, televisione; si sente disorientata e si vergogna del sangue mestruale che ogni mese fluisce da qualche oscuro recesso del suo corpo; sente i processi interni al suo corpo come un mistero che viene a galla, solo come un fastidio; non capisce o non le piace il sesso e concentra le sue energie sessuali in romantiche fantasie senza scopo, stra-prevedendo e facendo cattivo uso della sua potenziale energia perché è stata educata a negarla. Se impariamo a capire, ad accettare, a essere responsabili della nostra identità fisica, possiamo liberarci da alcune di queste preoccupazioni e possiamo cominciare a fare uso delle nostre energie disinibite. L'immagine che abbiamo di noi stesse avrà una base piú solida, saremo migliori come amiche e come amanti, come persone; avremo piú fiducia in noi, piú autonomia, piú forza, saremo *piú complete*[13].

Il mito della bellezza si basa, quindi, su una relazione di potere strettamente legata alla storia della medicina, che si è sempre soltanto limitata a fare da eco ai sentimenti maschili predominanti: ha trattato la gravidanza e la menopausa come malattie, le mestruazioni come un disturbo cronico, il parto come un evento chirurgico[14].

[13] The Boston Women's Health Book Collective, *Noi e il nostro corpo. Scritto dalle donne per le donne*, Feltrinelli, Milano 1974, p. 13.

[14] *Ibid.*, p. 31.

Anche per questa ragione le donne sono state considerate per lungo tempo il «sesso debole» e inferiori. Per fortuna oggi la genetica ci dice che non è affatto cosí, anzi, semmai è vero il contrario, tuttavia questo pregiudizio ha influenzato le ricerche e le pratiche scientifiche fino a oggi[15].

A tal proposito è interessante scoprire cosa è accaduto tra il 1865 e il 1920, quando le differenze di classe tra le donne americane erano particolarmente grandi: la donna ricca veniva vista come sostanzialmente malata – troppo debole e gentile per dedicarsi a qualsiasi attività che non fosse un vago passatempo –, mentre la donna di classe operaia era considerata sana e robusta, ma portatrice di malattie[16].

La donna benestante viveva chiusa nella sua casa, con poche occupazioni e stretta in vestiti che rappresentavano una prigione e ne impedivano il movimento. La sua delicatezza era un valore sociale, perché lei stessa era un ornamento che dimostrava il successo dell'uomo a cui si accompagnava: «Con la sua frivolezza, la delicatezza, l'ignoranza infantile della "realtà", dava all'uomo quella classe che il denaro soltanto non bastava a dare»[17].

La noia e l'isolamento delle donne ricche favorivano il culto morboso dell'ipocondria, della loro debolezza, e intorno al 1850 nacque una nutrita corrente letteraria di romanzi sui dottori che avevano come argomento principale la salute della donna, rivolti proprio a un pubblico femminile. La donna malata, del resto, aveva il fascino della bellezza, con gli occhi lucidi, lo sguardo etereo, disincarnato. E in effetti, se le figure della donna malata e della donna morta erano cosí presenti nella letteratura, dipendeva moltissimo dallo sguardo maschile, in continuità con quanto sulle donne era stato scritto nei secoli precedenti.

[15] Consiglio a questo proposito S. Moalem, *La metà migliore. La scienza che spiega la superiorità genetica delle donne*, UTET, Torino 2021. Online si trova una mia conversazione con l'autore in occasione di un evento al Circolo dei Lettori del 22 marzo 2021.

[16] B. Ehrenreich e D. English, *Le streghe siamo noi*, Edizione a cura del collettivo controinformazione per le donne, Napoli 1977, p. 34.

[17] *Ibid.*, p. 35.

Come ha osservato Francesca Serra, la morte rende le donne ancora piú belle, e di donne morte, che ci fissano con uno sguardo spento ma incantevole[18], sono piene le cornici dei capolavori conservati nei musei di tutto il mondo[19]. Amy March, Jane Eyre, Catherine Earnshaw e molte altre protagoniste di racconti che apparivano sulle riviste del tempo, favorivano la preoccupazione femminile nei confronti dei propri nervi che non dovevano essere troppo sollecitati da emozioni forti o imprese eccessive.

Se i personaggi citati sono invenzioni letterarie di Louisa May Alcott e delle sorelle Brontë, furono in realtà gli uomini a inventare il topos della donna malata e morta, secondo Serra «in ragione di un calcolo niente affatto filantropico. Levate il mattoncino della Sposa Cadavere dal monumento alla Gloria maschile e tutto crolla. [...] Senza di lei il carrozzone di santi, poeti, eroi che da secoli si aggira nei nostri libri, ma anche nelle nostre strade e, in definitiva, nelle nostre teste, si polverizzerebbe sotto il peso della sua stessa retorica»[20].

Le donne erano intrinsecamente malate, le mestruazioni erano periodi di cattiva salute, giorni nei quali bisognava mettersi a letto e modificare o sospendere ogni occupazione. Lo stesso accadeva per la donna incinta, perché anche la gravidanza era una malattia che aveva bisogno delle cure di un vero medico, non di quelle di una retrograda ostetrica. La menopausa infine era la morte della donna nella donna. Tutto questo ovviamente riguardava le donne della classe medio-alta, che rappresentavano la principale fonte di guadagno dei medici. Le donne povere, al contrario, non conoscevano pause, neppure durante il ciclo mestruale, la gravidanza e il puerperio.

Per questa ragione, le donne dovevano essere tenute lontane dal voto e da professioni che avrebbero messo a rischio la loro salute e i loro nervi. La donna di classe superiore e media sof-

[18] F. Serra, *La morte ci fa belle*, Bollati Boringhieri, Torino 2013, p. 11.

[19] *Ibid.*

[20] *Ibid.*, p. 12. Per un approfondimento sul rapporto tra figure femminili e morte, rimando a J. A. Sady Doyle, *Il mostruoso femminile*, Tlon, Roma 2021.

friva di malattie inesauribili, per le quali il marito era sempre pronto a pagare, ed era particolarmente ubbidiente agli ordini del dottore, le cui diagnosi si basavano spesso sulla riaffermazione del ruolo sociale della donna piú che sull'osservazione clinica. Non a caso in quell'epoca, nei paesi occidentali, vennero eseguite procedure disumane, come l'ablazione del clitoride, oppure si preferí impedire alle donne di studiare, leggere ed emanciparsi. Ogni cosa avrebbe potuto atrofizzare l'utero, compromettendo cosí la funzione riproduttiva, ovvero il compito principale della donna.

Le pazienti venivano portate dal medico dai mariti, che si lamentavano del loro comportamento indisciplinato[21]. I trattamenti avevano lo scopo di farle tornare mansuete e trattabili, anche dal punto di vista sessuale, e di tenerle occupate: «L'azione svolta dal medico verso queste donne rientrava nel quadro di un vero sistema di sorveglianza; i medici erano nella posizione adatta per scoprire i primi segni di ribellione e per interpretarli come sintomi di una malattia che doveva essere curata»[22].

Il costo dell'esercizio del potere.

Michel Foucault ha scritto che il Settecento ha elaborato una nuova economia dei meccanismi di potere: un insieme di procedimenti, e al tempo stesso di analisi, che hanno permesso di ampliare gli effetti di potere, di diminuire il costo dell'esercizio del potere, di integrare l'esercizio del potere nei meccanismi della produzione[23].

Il potere ha smesso di essere applicato in modo rituale e cerimoniale, ma è diventato un esercizio continuo, ventiquattro ore su ventiquattro, sette giorni su sette, esercitato attraverso meccanismi permanenti di sorveglianza e di controllo, i quali

[21] B. Ehrenreich e D. English, *Le streghe siamo noi* cit., p. 44.
[22] *Ibid.*
[23] M. Foucault, *Gli anormali. Corso al Collège de France (1974-1975)*, Feltrinelli, Milano 2009.

«potevano esercitarsi senza lacune e potevano penetrare dentro il corpo sociale nella sua totalità». Gli effetti di questo esercizio potevano finalmente diventare inevitabili, soprattutto agendo sulle convenzioni, il senso comune, la cultura, la pubblicità, lo sguardo. Quello della bellezza civile è stato quindi un filtro efficacissimo per esercitare potere, con spese, finanziarie ed economiche, minori che nella monarchia assoluta.

E se per rivendicare diritti civili, il suffragio, la sicurezza sul lavoro si poteva scendere in piazza, chi lo avrebbe fatto per la cellulite e i corsetti senza sentirsi ridicolo o essere ridicolizzato? Questo sistema, infatti, ha lo scopo di diminuire le possibilità di malcontento e rivolta, ma anche di disobbedienza e illegalità. In fondo, se non riesci a essere abbastanza bella è colpa tua, non puoi accusare nessuno. Puoi solo cercare di rispettare di piú le regole.

Secondo Foucault, dunque, la rivoluzione borghese è stata l'invenzione di una nuova tecnologia del potere. E se il filosofo portava avanti la propria riflessione studiando i casi di follia e crimine, è piuttosto facile riconoscere in questi meccanismi anche il mito della bellezza, specie quando Foucault sostiene che «la punizione dovrà esercitarsi in modo tale da punire al solo scopo che il crimine non ricominci, niente di piú»[24]. Non punizioni esemplari, ma l'invito alla misura.

La questione della bellezza, però, è forse ancora piú subdola, perché oltre alla misura ha il carattere dell'accoglienza, propria delle religioni: chi non è civilizzato può sempre redimersi e convertirsi. In questo senso, il controllo sui corpi e la biopolitica diventano, come abbiamo visto, una religione inclusiva, che non vuole escluderti, ma che anzi pretende di mostrarti la verità e ricondurti sulla retta via.

[24] *Ibid.*

Perché esiste il mito?

Il mito della bellezza non riguarda solo il viso e le misure del corpo femminile, ma anche i rapporti di potere nella società, nelle famiglie, nel mondo del lavoro, tra i generi. Alla luce di quanto abbiamo detto, è chiaro allora perché il mito della bellezza si diffuse quando le donne acquisirono piú libertà, minacciando di destabilizzare l'ordine socioeconomico e una cultura dominata dall'uomo.

Nella società contemporanea il lavoro femminile è determinante, ma rischia di dare alle donne il potere di scegliere come gestire i propri soldi, se avere dei figli e se occuparsi della politica. Diventa quindi essenziale indirizzarne i consumi e le scelte di vita per fare in modo che, nonostante acquisiscano piú diritti, le donne vivano una crescente ansia da prestazione, si sforzino di raggiungere un ideale di perfezione in tutti i campi e si sentano sempre manchevoli, inadeguate, sbagliate.

Questo sistema riguarda una struttura sociale di cui la maggior parte delle persone non è ancora consapevole: non è stato l'intero genere maschile a mettersi d'accordo per impedire alle donne di essere libere, ma è stato l'ordine sociale che – nel momento in cui le donne hanno avuto accesso all'indipendenza – ha iniziato a produrre controimmagini e a cercare di contenere il cambiamento. Le controimmagini vengono prodotte grazie alla paura: paura che i rapporti tra i generi cambino, paura che tutto diventi caotico e incomprensibile, paura di perdere la mascolinità e la femminilità.

Lo standard della bellezza costituisce un controllo, oltre che fisico, soprattutto emotivo e psicologico, e se controllare le donne può dare serenità a chi non vuole che le cose cambino, rappresenta in realtà un grande impoverimento. È la perdita di un enorme potenziale di cambiamento, a favore del controllo dei corpi e della ragione capitalistica. Ed è tutta una questione di sguardo.

Capitolo terzo

Bellezza, sguardo e pubblicità

Il mito della bellezza è una questione di sguardo. Nella sua diffusione, infatti, sono state estremamente importanti le nuove scoperte tecnologiche legate alla fotografia e alla pubblicità, attraverso le quali un'immagine poteva essere replicata in innumerevoli esemplari.

Come ha scritto il critico d'arte John Berger, il nostro modo di vedere le cose è influenzato da ciò che sappiamo o crediamo: ciò che osserviamo è sempre il rapporto che esiste tra noi e le cose. Ciò che guardiamo codifica e modella la nostra individualità, quindi anche ciò che vediamo riflesso allo specchio, la percezione che abbiamo di noi. Oltre a guardare siamo visti, e l'occhio altrui ci permette di rendere credibile la nostra presenza nel mondo visibile. L'Altro ci aiuta a essere consapevoli delle nostre percezioni, del nostro Io[1].

Ecco perché un sistema in cui le donne vengono viste in modo diverso rispetto agli uomini costringe loro stesse a cambiare la percezione di sé, a introiettare quello sguardo, ed ecco perché, da millenni, la presenza sociale della donna ha una qualità diversa da quella maschile. Se è vero che da alcuni decenni la sensibilità su questi temi sta cambiando, non possiamo pensare che lo sguardo muti cosí velocemente. Scrive Berger:

> Nascere donne ha significato nascere sotto custodia, affidate a uomini in uno spazio racchiuso e angusto. La presenza sociale delle donne si è sviluppata in funzione della loro disponibilità a vivere sotto tale tutela entro uno spazio tanto limitato. Ciò è avvenuto, però, al prezzo di una spaccatura: l'Io delle donne si è diviso in due. La donna deve guardarsi di

[1] J. Berger, *Questione di sguardi*, il Saggiatore, Milano 2015, p. 11.

> continuo. Ella è quasi costantemente accompagnata dall'immagine che ha di se stessa. Sia che attraversi una stanza, sia che pianga la morte del padre, la donna non riesce a evitare di visualizzarsi nell'atto di camminare o di piangere. Fin dalla primissima infanzia, le hanno insegnato e l'hanno convinta a osservarsi di continuo[2].

La donna è solo l'Altro rispetto all'uomo, come ha scritto Simone de Beauvoir alla fine degli anni Quaranta, ma si percepisce come Altro rispetto a sé. Secondo Berger, le relazioni di potere, di cui sia l'arte visiva sia la pubblicità sono simbolo e manifestazione, portano le donne ad avere in sé due elementi costitutivi della propria identità, che rimangono però sempre distinti. Come se da una parte ci fosse un sorvegliante e dall'altra una sorvegliata, che viene costantemente veduta, che è puro oggetto di visione. Tale dinamica la conduce a sottoporsi a un giudizio continuo, a essere sempre insoddisfatta, a domandarsi come appare agli altri, a dare un'importanza notevole a tutto ciò. Lo sguardo esterno, in questo quadro, è ciò che dà la misura della sua esistenza. Analogamente, secondo Berger, anche gli uomini scelgono come trattare una donna sulla base di come questa si presenta. Prima di rivolgersi a lei la osservano, e quello che vedono li spingerà a darle piú o meno ascolto, piú o meno credibilità.

Questo sguardo è nato, in realtà, ben prima della società di massa, come prova il nudo femminile nella pittura a olio europea, segno di passività e sottomissione al proprietario, alla sua volontà e ai suoi sentimenti. Non c'è passione, non c'è potere personale nei corpi rappresentati, perché manifestano una relazione che non è paritaria. Se di fronte al dipinto di Nell Gwyn, l'attrice teatrale amante di Carlo II e raffigurata da Peter Lely nel Seicento, noi vediamo la bellezza, Berger ci spinge a osservare anche la manifestazione del potere del sovrano, che commissionando il ritratto segreto – passato formalmente come *Venere e Cupido* – intendeva mostrare il proprio potere. Era lui il giudice e il vero protagonista del quadro, Gwyn era una sua

[2] *Ibid.*, p. 48.

proprietà. Erano lui e il pittore a scegliere come mostrarla, lei non aveva alcun potere.

Anzi, come dice Berger, Gwyn era alla mercé anche del loro giudizio e di quello di ogni altra persona che, posando lo sguardo sul dipinto, avrebbe considerato l'attrice vanitosa, impudica, leziosa. Il paradosso è che lo sguardo degli uomini prima ha dipinto le donne, e poi le ha giudicate sul piano morale per il modo in cui erano state rappresentate. I corpi nudi delle donne non erano corpi di persone che si esibivano, ma che venivano esibiti. Erano oggetti e trofei di potere: «Essere esibiti significa che la superficie della propria pelle, i peli del proprio corpo, sono stati trasformati in una maschera da cui, in quella situazione, non ci si potrà piú liberare. [...] La nudità è una forma di abito»[3].

Questo modo di ritrarre la nudità è soprattutto europeo, perché in altre tradizioni – nell'arte indiana, persiana, africana, precolombiana – la nudità è attiva, ha a che fare con il potere e con l'energia vitale, con l'eros[4]. Del resto, non è un caso che, quando sono entrate nel mondo delle arti visive, le artiste abbiano iniziato ad autorappresentarsi, cercando finalmente di spogliarsi dell'abito del nudo scelto dallo sguardo maschile, esibendosi in prima persona, scoprendo e rivendicando il proprio potere[5].

Nella forma artistica del nudo europeo, al contrario, «i pittori, gli spettatori e i proprietari erano di solito uomini, mentre le persone trattate da oggetti erano per lo piú donne»[6]. Questo dato non poteva non avere un effetto sull'immaginario e sulla cultura: è una relazione di potere che struttura la coscienza di molte donne, riguardo a come trattano la propria immagine e il proprio corpo. La sorveglianza di sé, il monitoraggio del corpo,

[3] *Ibid.*, p. 56.

[4] *Ibid.*, p. 55.

[5] Si veda, a questo proposito, il catalogo della mostra alla Galleria Nazionale *Io dico Io. I say I. Artiste e rappresentazione*, Silvana Editoriale, Milano 2021. Nel catalogo è presente anche il mio contributo *Raccontare è moltiplicare*.

[6] J. Berger, *Questione di sguardi* cit., p. 65.

lo stigma e la vergogna vengono anche da qui. E, come tutte le questioni legate ai simboli e all'immaginario, non si può dire che la soluzione sia sovvertire le relazioni di potere, o che questa sia riducibile esclusivamente a una dinamica oppressore-oppressa.

La diffusione della fotografia.

Nell'Ottocento, la fotografia ha rivoluzionato l'idea che le immagini fossero senza tempo e potessero ritrarre solo un'élite di persone. Le foto potevano finalmente rappresentare chiunque, raffigurando anche contesti ordinari e contemporanei agli osservatori. Poiché era un'istantanea situata nel tempo e nello spazio, la foto cambiò il modo di vedere degli esseri umani[7]. Grazie alla macchina fotografica non era piú chi osservava ad andare verso l'immagine, ma l'immagine a viaggiare fino a lui, e in questo modo cambiavano la relazione e il significato stesso dell'immagine[8].

Secondo Beaumont Newhall, fin dal 1839 la fotografia è stata un mezzo vitale di comunicazione e di espressione, ha comportato moltissimi esperimenti – in gran parte falliti – e ha rappresentato un grande motore di innovazione. Sebbene i dati sui primi anni della sua diffusione siano scarsi, sappiamo che nel solo stato del Massachusetts, nell'anno conclusosi il 1° giugno 1855, erano stati realizzati 403 626 dagherrotipi, e che una galleria di New York si vantava di avere una produzione quotidiana oscillante fra i 300 e i 1000 ritratti[9].

Crebbe ben presto, in particolare, la richiesta di ritratti di famiglia, dovuta in gran parte alla preoccupazione della morte, cosí forte nel XIX secolo quando la mortalità, soprattutto infantile, era alta. Quasi ogni dagherrotipista, del resto, si diceva pronto a fare ritratti di persone defunte. La fotografia rappresentava la

[7] *Ibid.*, p. 20.
[8] *Ibid.*, p. 22.
[9] *Ibid.*

possibilità di non essere dimenticati, a una velocità e un costo sensibilmente piú bassi rispetto ai dipinti a olio del Settecento.

Ancora una volta, la società di massa offriva a un grande numero di persone servizi e occasioni fino ad allora riservati alla nobiltà, ma surrettiziamente suggeriva a quelle stesse persone di farsi carico degli stessi doveri di decoro ed eleganza. Esistevano delle posture da assumere nel farsi ritrarre, bisognava trasmettere autorevolezza, serietà, civiltà[10].

A dire il vero, quelle posture oggi ci sembrano tenere o talvolta ridicole, e cosí sembravano anche a qualche personaggio del tempo, come il dagherrotipista Abraham Bogardus, che scrisse: «Le *cartes de visite* erano una cosa modesta: un uomo in piedi accanto a una colonna scanalata, preso in tutta la sua figura, con la testa grande il doppio della capocchia di uno spillo. Risi a quella vista, ma in piú pensando che in un futuro non molto lontano ne avrei fatte anch'io al ritmo di un migliaio al giorno»[11].

Pubblicità.

La diffusione della fotografia ha da subito suscitato un grande interesse non solo tra le persone che potevano finalmente sperare di non essere dimenticate dopo la morte, ma soprattutto nel mercato, che poteva diffondere le immagini dei prodotti in vendita in modo straordinariamente pervasivo e capillare.

La pubblicità ha iniziato a costituire, quindi, un vero e proprio linguaggio impiegato per propagare continuamente simboli e messaggi e suscitare desideri. Se è vero che sulla pubblicità abbiamo

[10] A circolare moltissimo era soprattutto la *carte de visite*, brevettata in Francia nel 1854 da André-Adolphe-Eugène Disdéri. Si trattava di piccole fotografie della grandezza di un comune biglietto da visita e stampate su cartoncino. Era un lavoro veloce, quindi permetteva di accelerare di otto volte la produzione normale. In tutto il mondo nacque quindi una nuova professione, che garantiva lavoro e reddito senza richiedere molto studio e che poteva essere portata avanti in modo ripetitivo, senza necessità di essere creativi e originali. Cfr. B. Newhall, *Storia della fotografia* cit., p. 90. Disdéri morí nel 1890 in un ospedale di Parigi cieco, sordo e senza un soldo.

[11] «Anthony's Photographic Bulletin», vol. 15, 1884, p. 65.

oggi piú di un secolo di ricchissima letteratura, qui ci concentreremo sullo scopo principale di questo linguaggio e sul potere che ha avuto – e che ha – nella diffusione del mito della bellezza.

Secondo John Berger

> la pubblicità come sistema propone una e una sola cosa. Propone a ciascuno di noi di trasformarsi, o di trasformare la propria vita, comprando qualcosa in piú. Questo qualcosa in piú, essa suggerisce, ci renderà in qualche modo piú ricchi, anche se saremo piú poveri, perché avremmo speso altri soldi. La pubblicità ci persuade a tale trasformazione mostrandoci persone che hanno l'aria di essersi trasformate e che risultano, dunque, invidiabili[12].

Non si tratta, quindi, di libertà di scelta, ma di opzione. Non è libertà *di*, ma libertà *tra*: non libertà di scegliere, non spazio di discernimento, ma libertà tra un numero pressoché infinito di opzioni. Non puoi sottrarti all'acquisto, puoi solo decidere se comprare questo o quello. In ogni caso, sei un consumatore[13]. La scelta tra questa o quella crema non è reale, perché alla base c'è lo stesso scopo: creare l'illusione della scelta libera, che in realtà confonde l'azione con l'opzione.

Per Berger, la pubblicità è il processo di produzione del glamour: il fascino, la malia, lo stile, la classe che provocano attrazione e invidia in chi guarda. La condizione di invidiabilità che rappresenta la promessa principale della pubblicità, e che negli anni Settanta era dichiarata, oggi diventa piú surrettizia e capziosa: nessuna di noi oggi vuole provocare invidia, ma prendersi cura di sé. La pubblicità si adatta, ingloba il cambiamento culturale e riesce a trasmettere lo stesso messaggio – anche tu diventerai glamour se sceglierai il nostro prodotto – cambiando linguaggio visivo e verbale.

Ecco perché Berger scriveva che, proprio come l'arte visiva, «la pubblicità parla di relazioni sociali, non di oggetti. La sua non è una promessa di piacere, ma di felicità: felicità misurata dall'esterno, con il metro di giudizio degli altri. La felicità di essere invidiati e glamour»[14].

[12] J. Berger, *Questione di sguardi* cit., p. 133.
[13] Cfr. M. Gancitano e A. Colamedici, *La società della performance* cit., p. 42.
[14] J. Berger, *Questione di sguardi* cit., p. 134.

Se il potere del burocrate, del sovrano, del membro del clero risiedeva – al tempo dei dipinti settecenteschi – nella loro autorità, il potere di chi ha glamour risiede nella sua presunta felicità, che costituisce comunque un potere sulla realtà, qualcosa da ammirare e invidiare al tempo stesso[15]. Si tratta di un'invenzione moderna, totalmente sconosciuta fino a un paio di secoli fa. E l'invidia non riguarda solo lo sguardo della donna sulle altre donne rappresentate dalla pubblicità, ma anche quello su di sé: mi immagino trasformata grazie al prodotto, invidio me stessa per ciò che diventerò, sarò una versione migliore, perfezionata, e diventerò oggetto di invidia per gli altri. A quel punto sí che potrò amarmi. Berger è lapidario nel denunciare che «l'immagine pubblicitaria la deruba del suo amore di sé per ciò che lei è, e glielo restituisce al prezzo del prodotto»[16].

Grazie alla fotografia e alla pubblicità, la società del consumo è riuscita a replicarsi con la velocità di un virus, propagando attraverso le immagini ciò che pensava di se stessa e ciò che poteva essere desiderabile[17]. Se qualcosa è desiderabile sarà venduto e rappresentato, se qualcosa non esiste significa che non è davvero importante e non può renderti felice.

La pubblicità ritrae tutte le speranze socialmente condivise, le rende omogenee, le semplifica, le fa diventare contenuti e prodotti, dà loro una forma comprensibile, un *claim*, uno slogan, e le trasforma in promessa. È la cultura capitalistica che concepisce solo speranze da soddisfare con prodotti e servizi acquistabili, con prestazioni e performance in ogni ambito della vita. Senza pubblicità, la suggestione del capitalismo apparirebbe in tutta la sua superficialità, e l'idea che un prodotto possa renderti felice sarebbe chiaramente un'illusione, qualcosa di ridicolo e impossibile da credere. Un sogno.

Come si fa a contagiare chi partecipa alla vita urbana della società di massa con questo immaginario? Criticando la società

[15] *Ibid.*, p. 135.
[16] *Ibid.*, p. 136.
[17] *Ibid.*, p. 140.

stessa, lo stile di vita che impone – clamoroso sarà il caso della cellulite, dovuta in gran parte alla sedentarietà dello stile di vita moderno –, ma soprattutto rendendo chi guarda la pubblicità un po' insoddisfatto della propria vita e delle proprie giornate. Secondo Berger, la pubblicità non critica lo stile di vita sociale, ma solo quello personale di spettatore e spettatrice, eppure io credo che la pubblicità abbia superato questa distinzione. Accade con i cosmetici e con il cibo: ti offriamo prodotti senza conservanti, senza estratti del petrolio, senza zucchero, prodotti per capelli anti-inquinamento, packaging sostenibili per contrastare il cambiamento climatico. Non ti diciamo, è vero, che a usare insaporitori, aromi e materie prime di scarsa qualità eravamo proprio noi, ma ti suggeriamo dei miglioramenti. Ti promettiamo la salvezza dall'intossicazione della pelle e del corpo cercando di redimerci da ciò che ti abbiamo venduto in tutti questi anni. Spesso si tratta di piccoli cambiamenti, che però la pubblicità amplifica. Non parla di tutto il processo di produzione del prodotto, ma solo di quello che è cambiato e che è sostenibile, fosse anche una percentuale minima e, nei fatti, insignificante.

In ogni caso, la pubblicità ti dice continuamente che puoi migliorare, che gli errori di ieri non sono fallimenti, che sei fatta per cambiare, e che il tuo stile di vita può ancora diventare fonte di benessere. Se comprerai ciò che ti viene offerto, diventerà certamente migliore, e senza fatica. Perché, in fondo, ciò che ti viene venduto non è un prodotto, ma un'alternativa vantaggiosa a ciò che sei mentre stai guardando. La pubblicità disegna un ponte tra ciò che sei e ciò che desideri essere, un ponte che da sola non sei in grado di costruire.

Tuttavia, la pubblicità non si rivolge a te come specifico essere umano, perché non ti conosce. Anche se oggi crea un profilo sempre piú definito raccogliendo i tuoi dati, quello che vede non sei tu, ma il modo in cui rispondi ai suoi criteri di misurazione. Su questa base, io sono per esempio una mamma di trentasei anni, poco interessata all'abbigliamento ma molto a borse e *skincare*. Quindi, se è vero che è facile vendermi soluzioni salvaspazio per la casa, profumatori per la lavatrice e creme al retinolo al 40 per cento di sconto, è anche vero che questo rappresenta, di me, solo ciò che rientra negli standard: sono io in quanto target, non in quanto individuo. Eppure, tanto basta a sfruttarmi come consumatrice, perché questo è essenziale al capitalismo.

Come già scriveva Guy Debord in *La società dello spettacolo*, la società di mercato non mi chiede solo di lavorare per vivere, ma anche e soprattutto di consumare tutto il mio reddito, cercando di aumentare costantemente il mio benessere e il mio potere d'acquisto, e di accumulare tutto ciò che ritengo appetibile, in gran parte per desiderio etero-indotto.

Ecco perché, sotto la promessa, la pubblicità suscita ansia[18]. Senza quel prodotto non sei niente, senza quel prodotto non hai forza. La tua pelle non è in grado di rigenerarsi da sola, ha bisogno di essere esfoliata, nutrita, coccolata, trattata. Ha bisogno di un monitoraggio costante. La pubblicità risponde alla mancanza di senso della società di massa e alla paura di perdere tutto, di non essere niente. Risponde alla sensazione che il presente sia insufficiente, non esaustivo. Risponde a quel senso di insoddisfazione e infelicità frutto della società della performance.

Il desiderio di consumare e acquistare in continuazione, infatti, è un comportamento che nasce in seno alla nostra struttura sociale, del tutto sconosciuto prima. Perché accade? Perché immersi in questa società viviamo un conflitto, un dolore sordo. Nella pubblicità, invece, ci appaiono persone che hanno risolto quel conflitto, che vivono al di là del ponte. Ci appaiono donne che non sono perfette – perché oggi ci vengono mostrati corpi con qualche smagliatura e non sempre bianchi caucasici –, ma sono felici. Sono donne in fioritura, soddisfatte, glamour, mentre tu ti senti stanca e impotente, e vorresti essere come loro. Vivi una contraddizione tra ciò che sei e ciò che vorresti essere, ma c'è un rimedio.

[18] *Ibid.*, p. 145.

La mistica della femminilità.

Chiunque di noi sarebbe pronto a dire che la pubblicità non ha effetto su di sé, ma non è cosí. Nel 1979, Jean Kilbourne realizzò per Cambridge Documentary Films *Killing Us Softly*, un documentario sul rapporto tra sessismo e pubblicità che sconvolse gli Stati Uniti e a cui seguirono le versioni del 1987, del 1999, del 2010 e del 2019.

Già alla fine degli anni Sessanta, Kilbourne aveva iniziato a occuparsi dell'analisi delle pubblicità in relazione all'ideale di bellezza femminile con un metodo piuttosto artigianale: appiccicava le pubblicità sul frigorifero e le osservava, cercando di capire quale messaggio le provocasse fastidio.

La ragione per cui Kilbourne sosteneva che la pubblicità fosse una delle principali forze in campo nella società derivava anche dalla sua esperienza diretta: aveva lavorato come segretaria in molte case di produzione in Inghilterra e negli Stati Uniti e per un certo periodo aveva anche posato come modella, rinunciando a quel lavoro – uno dei pochi che poteva garantire un certo benessere economico alle donne – perché aveva la sensazione che fosse «soul-destroying», cioè che le stesse distruggendo l'anima, dato che riceveva una gran quantità di molestie da parte degli uomini con cui lavorava.

Secondo la studiosa e attivista, la pubblicità in quegli anni stava diventando piú potente e veloce, aveva sempre maggiore diffusione e un'influenza subconscia: se lo scopo era vendere prodotti, l'effetto non si limitava a questo soltanto. La pubblicità crea un immaginario, basato su degli archetipi, su ciò che mostra e su ciò che mantiene invisibile.

In questi decenni, Kilbourne ha sempre cercato di sottolineare la funzione delle riviste, che se prima venivano diffuse solo in formato cartaceo adesso viaggiano anche in digitale, e quindi arrivano a molte piú persone e spesso gratuitamente grazie proprio alla pubblicità. Le riviste femminili sono strumenti potentissimi di cambiamento sociale, fissano l'indice della bellezza e sono strettamente legate alle inserzioni, cioè hanno un piccolo margine di libertà, se è vero che devono dire ciò che gli inserzionisti – in gran parte uomini – vogliono dalle donne. La ragione per cui le donne sono state tanto influenzate dalle riviste non è dovuta alla loro debolezza o manipolabilità, ma al fatto che queste riviste sono state l'unico prodotto culturale che le abbia legate insieme, rappresentando la loro sensibilità di massa.

Inoltre, per lungo tempo sono state scritte da uomini che usavano *noms de plume* femminili, come scoprí Grazia Deledda quando, collaborando da giovane con il giornale romano «L'ultima moda», confidò le proprie vicende sentimentali alla Contessa Elda di Montedoro, dietro cui si nascondeva in realtà il direttore Epaminonda Provaglio. Perché gli uomini scrivevano queste riviste? Perché cosí potevano controllare e manipolare la sensibilità femminile, e scegliere insieme agli inserzionisti cosa proporre, cosa far comprare, quali messaggi trasmettere.

Le riviste ebbero un enorme effetto anche quando, all'indomani delle guerre mondiali, andavano ripristinati certi ruoli sociali. Con l'assenza degli uomini, occupati al fronte, in moltissime parti sia dell'Europa sia degli Stati Uniti le donne avevano preso il loro posto, dimostrando forse per la prima volta nella storia di essere in grado di guidare il sistema economico di un Paese. Eppure, specialmente alla fine del secondo conflitto mondiale, il mito della bellezza doveva tornare a diffondersi, perché altrimenti sarebbe collassata la divisione dei generi. Le donne dovevano convincersi che, per quanto avessero dimostrato coraggio e leadership, il loro regno erano le pareti domestiche. Un processo simile accadde anche in politica, per esempio alle partigiane italiane, le quali non ebbero il posto che meritavano nell'emiciclo del Parlamento e al governo, ma anche negli stessi partiti politici[19].

Questo movimento reazionario si serví in gran parte del *soft power* esercitato da tutti i prodotti culturali, in particolare dalle

[19] Si veda per questo F. M. Battaglia, *Stai zitta e vai in cucina*, Bollati Boringhieri, Torino 2016.

riviste e dalle pubblicità. Non si trattava di un potere coercitivo, ma del tentativo di persuadere le donne verso quello che doveva biologicamente essere il loro piú autentico desiderio: la casa, la famiglia, la tranquillità delle pareti domestiche, la cura dei figli e del proprio aspetto. Era la «mistica della femminilità», come l'ha definita nel 1963 Betty Friedan, raccontando una generazione di donne colte, figlie di madri indipendenti, che negli anni Cinquanta si ritrovarono casalinghe, costrette in quello che veniva raccontato come il «ruolo naturale» della donna[20]. Lo scopo era cacciare via dalla mente delle ragazze il pensiero che potessero lavorare, non diventare madri e non sposarsi.

Durante la seconda ondata femminista, l'idea che la vita casalinga fosse desiderabile per tutte le donne e che la vita suburbana fosse piena di felicità venne messa in crisi.

La rappresentazione sulle riviste, però, seguí il passo di questi cambiamenti, perché il mercato non poteva permettersi di rinunciare al proprio target: l'obiettivo era trovare la misura tra lo specchio delle nuove consapevolezze e la necessità di suscitare nuovi bisogni. La donna in carriera poteva essere un pericolo, perché troppo critica e fin troppo consapevole del proprio potere d'acquisto. Il nuovo scopo era quindi parlare a lei cercando di ammansirla, consolarla e spingerla a sentirsi in colpa, capitalizzando la sua paura che – passando molto tempo fuori casa – stesse trascurando la pulizia e la cura. L'acquisto diventava quindi un modo per scaricare le energie, sentirsi in pace, trovare soluzioni pratiche, dimostrare che la carriera non stava mettendo a rischio né l'igiene né il benessere della sua casa e che la donna aveva tutto sotto controllo.

[20] *La mistica della femminilità* è un testo che oggi possiamo considerare controverso, specie riguardo alle posizioni dell'autrice sull'omosessualità, in seguito cambiate grazie al processo di consapevolezza del movimento femminista. Una serie tv che racconta quel periodo è *Mrs America*, uscita per FX su Hulu nel 2020.

Chissà se funziona.

Le donne che prima indossavano abiti coprenti diventarono negli anni Sessanta sempre piú scoperte, eppure questo non indicava necessariamente uno status di parità[21]. Al contrario, poter esibire le donne senza paura di essere volgari e «indecorosi», permetteva agli uomini di mostrarle ancora di piú come oggetti e associarle a prodotti da vendere, e ancora piú in linea con l'ideale di bellezza.

Un ideale che doveva essere comunque irraggiungibile, inaccessibile, attraente e pressoché invisibile nella vita quotidiana. Eppure, se quella bellezza divina esisteva ed era incarnata da un essere umano, significava che era possibile e che bisognava impegnarsi per incarnarla a propria volta. Questa costante esposizione, però, rendeva vulnerabili e influenzava pensieri e comportamenti. Come ha scritto Renee Engeln: «Vedo spesso donne che sbuffano davanti agli slogan delle pubblicità di cosmesi e dicono: "È stupido". Se però si soffermano abbastanza a lungo sulla modella dell'immagine, è probabile che aggiungano: "Chissà se funziona"»[22].

Un ideale che oggettivava le donne a livello sessuale, trasformando il corpo in un oggetto, come Kilbourne ha mostrato nei propri documentari. A questo proposito Engeln ricorda, ad esempio, una pubblicità emblematica: lo spot di Marc Jacobs in cui le gambe di Victoria Beckham spuntano da una busta del brand che anche tu potrai ricevere una volta che avrai comprato un paio di scarpe o una borsa dello stilista. In sostanza, le gambe sono una merce, ed è Jacobs a dircelo, perché di Beckham non vediamo la faccia.

Nel 2016, la stand-up comedian Marcia Belsky lanciò il progetto – dapprima su Tumblr, ora anche su Instagram – *The*

[21] Come ha scritto Naomi Wolf: «vivere in una cultura in cui le donne sono abitualmente denudate mentre gli uomini non lo sono significa imparare la diseguaglianza a piccole dosi per tutto il giorno». Cfr. N. Wolf, *Il mito della bellezza* cit., p. 157.

[22] R. Engeln, *Beauty Mania*, HarperCollins, Milano 2018, p. 191.

Headless Women of Hollywood, cioè le donne senza testa di Hollywood: una raccolta di locandine di film in cui appaiono solo parti del corpo delle attrici protagoniste (le gambe, il sedere, il seno), ma non la testa.

Gli psicologi cognitivi si sono occupati, negli ultimi anni, di studiare il modo in cui percepiamo queste immagini, considerando il fatto che il nostro cervello processa le immagini degli oggetti e delle persone in modo diverso. Quando vediamo l'immagine di un essere umano usiamo l'elaborazione configurale, che mette in relazione i vari elementi del volto tra di loro e ci permette di riconoscerlo in un secondo momento. È la ragione per cui fatichiamo a riconoscere un volto se appare capovolto, cosa che non accade con gli oggetti, che riusciamo a distinguere comunque. Nel corso di una ricerca, è stato usato l'effetto inversione per comprendere se i corpi sessualizzati maschili e femminili (in mutande o in costume) venissero percepiti in modo diverso. Ai partecipanti è stato quindi chiesto di osservare i corpi sessualizzati prima usando l'elaborazione configurale, e poi al rovescio. Il risultato non ha lasciato spazio ai dubbi: mentre i partecipanti hanno faticato a riconoscere gli uomini capovolti, come avviene nel riconoscimento di tipo persona, non hanno avuto nessuna difficoltà con le donne, che hanno riconosciuto sempre, fossero state dritte o rovesciate, come avviene nel riconoscimento di tipo oggetto[23].

Ciò dimostra che la rappresentazione cambia il nostro modo di processare le immagini, e anche se sappiamo che non sono reali, che sono costruite, modificate e manipolate, finiamo con il crederci, ci misuriamo sulla base degli standard, impariamo che quanto di bello può accaderci nella vita sarà sempre legato alla bellezza e al nostro quoziente di femminilità. Ci dimentichiamo, guardando i corpi perfetti, della varietà delle fisicità umane e non ci rendiamo conto che infantilizzare, sessualizzare, oggettificare le donne le rende piú esposte alla violenza. Se

[23] P. Bernard, S. J. Gervais, J. Allen, S. Campomizzi e O. Klein, *Integrating Sexual Objectification With Object Versus Person Recognition: The Sexualized-Body-Inversion Hypothesis*, in «Psychological Science», 23(5), 2012, pp. 469-71.

quello che ho davanti a me non è un essere umano ma un oggetto, significa che posso usarlo a mio piacimento: non ho bisogno del suo consenso.

Secondo quanto ha dichiarato Kilbourne in un Ted Talk del 2014, la pressione verso giovinezza, magrezza e bellezza non è affatto diminuita nel tempo. Anzi, non è mai stata cosí forte come ora[24].

Lo sguardo maschile.

La pubblicità si basa sullo sguardo maschile, dato che è stata inventata dagli uomini, e rappresenta la descrizione della realtà dal punto di vista di questo genere. Non si deve pensare, però, che lo sguardo maschile sia lo sguardo che hanno oggi unicamente le persone assegnate a quel genere: quello maschile è lo sguardo «normale», cioè lo sguardo egemone, il filtro con cui decodificare la realtà che ogni persona, nella società del consumo, ha imparato ad applicare. Le sue fondamenta riguardano una relazione di potere, prima di ogni altra cosa, e quindi non solo il modo in cui gli uomini guardano le donne, ma anche quello in cui le donne guardano se stesse e le altre donne.

Questa postura si esprime in una notevole varietà di modi, uno dei quali è oggetto di scontro nel dibattito pubblico italiano negli ultimi anni: il *catcalling*, cioè una molestia verbale e gestuale che gli uomini rivolgono alle donne in modo esplicito e talvolta minaccioso quando le incontrano per strada o in un luogo pubblico[25]. La denuncia e il rifiuto di questo costume sono stati ridicolizzati da numerosi giornalisti e intellettuali sia

[24] J. Kilbourne, *The Dangerous Ways Ads See Women*, TEDxLafayetteCollege, disponibile sul sito Ted.com.

[25] *Catcalling* indica letteralmente l'atto verbale e gestuale con cui si richiama un gatto. In italiano non esiste un termine simile. In passato era stato proposto «pappagallismo», ma non ha avuto diffusione. Secondo un sondaggio condotto nel 2014 da Hollaback! e dalla Cornell University, l'85 per cento delle cinquemila donne intervistate dichiarò di aver subito le prime molestie prima di aver compiuto sette anni, e dati simili emersero da altre ricerche portate avanti in molti altri Paesi.

uomini sia donne, che hanno definito il *catcalling* un gesto innocuo, che anzi dovrebbe procurare piacere in quanto segno di apprezzamento. Del resto, anche in altri Paesi vengono usati gli stessi argomenti. Nel 2014, per esempio, l'opinionista e noto avvocato penalista Arthur Aidala su Fox News mostrò – sollecitato dalle quattro presentatrici del programma di cui era ospite – i tipici gesti di *catcalling*, trasmettendo l'idea che le donne per strada non aspettassero altro. Gli rispose Jessica Williams, all'epoca corrispondente del famoso *The Daily Show*, chiarendo che il marciapiede non è una passerella né un red carpet, e che le donne non sono in cerca di applausi quando vanno al lavoro, perché non stanno compiendo una performance.

Nel novembre 2020, alla vigilia della Giornata internazionale per l'eliminazione della violenza sulle donne, il programma di Rai2 *Detto Fatto* mandò in onda un tutorial che spiegava come essere sensuali durante la spesa. La pole dancer Emily Angelillo mostrava, infatti, come ancheggiare, ammiccare ed esprimere seduzione sui tacchi tra le corsie del supermercato. Dopo aver illustrato come posizionare le mani sul carrello, muovere le gambe e tenere dritto il collo, iniziava la sua camminata spiegando come afferrare i prodotti in alto o in basso sugli scaffali, trasmettendo seduzione e facendo attenzione a come mostrarsi. Lo show fu travolto dalle polemiche e temporaneamente sospeso[26].

Quando lo sguardo su di te è cosí pervasivo, e quando impari che ciò che fai in pubblico può essere interpretato come una performance – che tu lo voglia o no –, il tuo comportamento cambia. Impari a sorridere per evitare che ti dicano che sembri sempre arrabbiata, fai attenzione ai capelli, al trucco e ai vestiti quando esci di casa. Cambi modo di camminare. Cerchi di raggiungere un livello di bellezza sufficiente per essere accettata, senza però che diventi eccessivo, altrimenti potrebbe ritorcersi contro di te, suscitando giudizi o esponendoti a pericoli. Potre-

[26] Cfr. F. Calcagni, *Come «cuccare» al supermercato, il surreale tutorial per la spesa trasmesso da Rai2*, in «Il Riformista», 25 novembre 2020.

sti apparire disponibile sessualmente, per esempio, senza che il tuo parere conti qualcosa.

Questo modo di intendere la presenza del corpo femminile nello spazio pubblico è innanzitutto estetico e decorativo, cioè spogliato del suo valore politico. Prima di essere una cittadina che si muove nello spazio pubblico, la donna è percepita come un oggetto da guardare. È un sistema, come sottolinea Engeln, che agisce anche da costante promemoria: «Ci ricorda che, ogni volta che usciamo di casa, il nostro corpo è in mostra»[27].

Sempre Engeln riporta il racconto di una donna che aveva intervistato: una mattina aveva indossato una camicetta attillata che le piaceva molto e la madre, appena la vide, iniziò a urlarle che, vestita cosí, sembrava una sgualdrina. Piú tardi andò da lei a scusarsi, le dispiaceva di averla insultata, ma alla fine aggiunse: «Se però ti vesti cosí, le persone ti tratteranno come se fossi una donna, e non sempre è un bene»[28].

Questo racconto mi ha fatto tornare in mente qualcosa di analogo che mi è accaduto quando avevo circa dodici anni, dunque nell'estate del 1996: avevo convinto mia nonna a comprarmi degli zoccoli neri e degli shorts neri lucidi, che andavano molto di moda quell'anno. Mi sentivo bellissima, avevo scelto per la prima volta dei vestiti che mi piacevano – nonostante odiassi le mode. Li avrei indossati tutta l'estate, se mio padre non fosse tornato a casa la sera e – guardandomi – non mi avesse urlato di cambiarmi, perché sembravo una prostituta. Quel rimprovero mi gettò nel panico in quanto arrivò totalmente inaspettato. La sua rabbia era dettata dalla paura, come quella della madre della ragazza, eppure rovesciava su di me una colpa che non capivo; in fondo, avevo scelto di indossare qualcosa che mi piaceva, senza altri scopi. Non pensavo che entusiasmarsi per dei vestiti fosse un simbolo di seduzione. Non parlarne, dirmi solo di cambiarmi e buttare via quei vestiti, non mi aiutò a capire,

[27] R. Engeln, *Beauty Mania* cit., p. 70.
[28] *Ibid.*, p. 75.

ma mi trasmise un messaggio: un certo aspetto mi faceva apparire come una prostituta, cioè un essere infimo a cui non dovevo assomigliare per niente al mondo.

Mio padre non riusciva a dirmi, forse perché non se ne rendeva conto nemmeno lui, che per la prima volta aveva visto nel mio un corpo sessuato, un corpo che per questo motivo era in pericolo, in quanto potenzialmente oggetto di derisione sociale o di desiderio. Significava che nelle mutazioni del mio corpo e nel mio gusto in fatto di vestiti c'era qualcosa che dovevo tenere a bada, senza che mi venisse spiegato perché, né cosa avrei dovuto fare.

La Venere Ottentotta.

Il nuovo ordine sociale definisce ciò che è normale, civile, decoroso, morale e si fa beffe di tutto il resto, come nel caso della celebre Venere Ottentotta. All'inizio del XIX secolo, infatti, gli uomini europei occupavano il posto piú alto della gerarchia sociale, e molto piú in basso si trovavano gli «Ottentotti», un termine spregiativo che nel Seicento i coloni inglesi avevano dato ai Khoi del Capo di Buona Speranza, in Sudafrica. A partire dalla convinzione che potesse essere l'anello mancante tra le scimmie e gli umani, il popolo khoi venne studiato per provare tale tesi.

Per questa ragione, Saartjie Baartman[29] venne portata nel 1810 in Inghilterra da Alexander Dunlop, un commerciante olandese che la vendette a Hendrick Cezar, il quale la mise in mostra a Londra per i quattro anni successivi. Il pubblico pagava un biglietto per vederla, cosí come pagava per vedere uccelli tropicali e altre attrazioni esotiche. Baartman veniva esibita su un palco alto un metro e mezzo, dove era guidata dal suo custode ed esibita come una bestia selvaggia a cui veniva ordinato di camminare, alzarsi e sedersi, completamente nuda. Ciò che at-

[29] Questo era il suo nome olandese, di quello sudafricano si è persa la memoria. Si sostiene che ci siano state almeno due donne esibite in Europa sotto il nome di Venere Ottentotta.

tirava l'attenzione degli europei erano le sue grandi natiche, i seni penduli e le labbra vaginali che sporgevano[30].

Cezar sosteneva che la donna avesse un contratto, che lavorasse volontariamente e venisse pagata, ma gli abolizionisti della tratta degli schiavi (che in Inghilterra era stata bandita nel 1807) non ci credevano e organizzarono una protesta pubblica, mettendo fine alle esibizioni. Cezar, però, si spostò semplicemente a Parigi, dove continuò a esporre Saartjie Baartman fino all'anno successivo, quando la donna morí[31].

Prima che morisse, uno scienziato di chiara fama dell'epoca, Georges Cuvier, si era dimostrato particolarmente interessato alle stranezze di quel corpo, che aveva osservato per tre giorni al Museo nazionale di storia naturale di Parigi. In seguito alla morte della donna, Cuvier riportò il cadavere al museo per studiarlo. Insieme ai suoi colleghi lo sezionò, e due anni dopo pubblicò un saggio in cui dimostrava il suo status di inferiorità[32].

Di Baartman venne realizzato un calco in gesso, e il suo scheletro e le sue labbra vennero conservati al Musée de l'Homme fino agli anni Settanta, cioè finché le attiviste africane protestarono costringendo il museo a rimuoverli. I suoi resti sono finalmente stati restituiti al Sudafrica nel 2002, dopo anni di richieste.

La Venere Ottentotta dimostrava che le donne nere erano eccessivamente sensuali, incapaci di contenersi, esagerate e quindi indecorose. Il loro corpo veniva ridotto a una somma di parti sessuali e del tutto oggettificato, come dimostra la storia di sopraffazione e violenza che Baartman dovette subire.

[30] Cfr. A. E. Farrell, *Fat Shame. Lo stigma del corpo grasso*, Tlon, Roma 2020, p. 139.

[31] S. Qureshi, *Displaying Sara Baartman, the 'Hottentot Venus'*, in «History of Science», 42, 2004. La descrizione di Qureshi di Baartman messa in mostra (p. 236) è presa da R. Chambers, *The Book of Days. A Miscellany of Popular Antiquities, in Connection with the Calendar*, Chambers Limited, London-Edinburgh 1863, p. 621.

[32] G. Cuvier, *Extrait d'observations faites sur le cadavre d'une femme connue à Paris et à Londres sous le nom de Vénus Hottentotte*, in «Mémoires du Muséum d'Histoire naturelle», 3, 1817.

Il sesso.

Come ha dichiarato Jean Kilbourne, cosa c'è di piú triviale della pubblicità, che per definizione ha lo scopo di vendere qualunque cosa? E cosa viene sempre usato per vendere, se non il sesso?

Per vendere prodotti o servizi, la pubblicità fa continuo riferimento alla sessualità o a qualcosa che sia sessualmente desiderabile. In modo surrettizio, ci trasmette l'idea che quel prodotto o quel servizio renderà noi sessualmente desiderabili, permettendoci di aumentare il godimento sessuale nella nostra vita quotidiana.

Ma quello che la pubblicità mostra e promette è l'illusione del sesso, una sua versione iper-erotica e martellante che però svanisce, lasciandoci un certo immaginario e anche una certa insoddisfazione. La sessualità diventa desiderio imposto, mercato, e piú la si invoca meno ce n'è. Diventa anche questa una performance, che come ogni performance è sempre associata all'ansia da prestazione.

Inoltre, la sessualità pubblicitaria è legata all'essere giovani e all'avere un corpo perfetto, visto che solo queste qualità vengono rappresentate. Ecco perché la speranza, come passione triste, conduce spesso alla frustrazione: se non sono giovane e perfetta non ho sessualità, o perlomeno la potrò vivere soltanto in forma surrogata, non con le prestazioni ottimali che pubblicità e pornografia performativa promettono. Piú mi viene promessa la sensualità che deriva dall'acquisto del prodotto o del servizio, meno mi sentirò desiderabile per ciò che io sono, per la mia energia vitale, per la mia eccitabilità, per l'odore naturale del mio corpo. Non posso suscitare desiderio se ho paura del giudizio, ma prima di tutto non riesco a provare desiderio se odio il mio corpo.

«Le ragazzine imparano non il desiderio verso un'altra persona, ma il desiderio di essere desiderate. E questo occupa lo spazio che dovrebbe essere dedicato a scoprire quello che loro vogliono», ha scritto Naomi Wolf[33].

[33] N. Wolf, *Il mito della bellezza* cit., p. 174.

Oggi quello sulla sessualità è diventato un discorso pubblico e un oggetto di sapere, perché i simboli erotici permeano pressoché qualunque messaggio e riempiono la relazione che abbiamo con noi e con chiunque altro, diventando progressivamente martellanti e impedendo di scoprire le proprie inclinazioni sessuali, i propri appetiti, e anche l'eventualità di non averne, che oggi viene ancora stigmatizzata.

A questo proposito, Jean Baudrillard sosteneva che la controcultura sessuale dovesse distinguere l'erotico, come dimensione generalizzata di interscambio della nostra società, dalla sessualità propriamente detta[34]. L'erotico non è mai nel desiderio, ma nei segni, che quindi possono essere usati dalla società di mercato per suscitare specifiche reazioni e confondere il vero col falso. Il corpo nudo della pubblicità non è corpo di desiderio, ma è disincarnato, non è davvero dionisiaco, è controllato in ogni centimetro. Non ha niente che ecceda, ma ubbidisce alla ragione economica. È un corpo iper-razionale e misurato, che manca di potere evocativo. Non ti porta oltre, ma rappresenta un guardiano della soglia. È un corpo frammentato, perché ogni sua parte viene sublimata e associata a un prodotto o a un servizio. È un corpo senza potere, proprio come nell'arte visiva secondo John Berger.

La società di mercato ha quindi influenzato anche i costumi sessuali, spingendo a ricercare nella propria vita personale un modello erotico iper-performativo, anziché invitando a scoprire e ascoltare i propri autentici desideri. Come vedremo, ha agito e agisce sulla capacità enterocettiva, cioè sulla facoltà di ascoltare e riconoscere le informazioni e gli stimoli provenienti dal proprio corpo. In questo caso, non solo delle donne. Anche l'atto sessuale, quindi, è un obbligo da rispettare all'interno di uno standard codificato da regole precise.

Se nell'antichità il controllo dei corpi e della sessualità si esprimeva con la privazione, il silenzio e gli strumenti di tortura e

[34] J. Baudrillard, *La società dei consumi. I suoi miti e le sue strutture*, il Mulino, Bologna 2010.

contenimento (per esempio guaine per evitare la masturbazione o corsetti in acciaio), oggi la sessualità segue le leggi del mercato, diventa una costrizione e un commercio, simbolo di potere. Proprio come la bellezza, la sovrabbondanza di simboli sessuali ci trasmette – al contrario – l'idea della scarsità, e quindi l'ansia di dimostrare di poter guadagnare la soddisfazione degli appetiti sessuali, e di avere sempre quegli appetiti. Anche l'attività sessuale, quindi, è un capitale da accumulare e preservare, e ha un legame molto stretto con gli standard di bellezza.

Capitolo quarto

Bellezza, grasso e decoro

Ho una figlia di undici anni. È la piú alta della sua classe, scrive racconti fantasy, conosce a memoria interi capitoli della saga di Harry Potter e tutti i nomi delle muse della mitologia greca. Ed è in sovrappeso. Il suo grasso è un'ombra che aleggia su di lei e su di me fin da quando era neonata, forse fin da quando ho detto di essere incinta. «Chissà se sarà grassa anche lei come la madre», devono aver pensato molte persone.

L'intelligenza, la sensibilità, l'unicità cosí evidente di mia figlia non contano, perché quando entra in una stanza o si ritrova con un gruppo di coetanee, il suo corpo è già sotto giudizio. Verso mio figlio, che di anni ne ha otto, quella stessa ombra non c'è mai stata. Lui viene visto come robusto, sodo, massiccio al massimo. Lei, al contrario, spesso sembra aggressiva, pigra, goffa, fa paura alle mamme delle bambine piú esili, viene guardata in modo strano perché le misure dei suoi vestiti sono diverse rispetto alla media.

E lo sguardo che tocca lei ricade su di me, sulla mia colpa, sul mio peccato. Cosa hai fatto per renderla cosí? Non ti sei presa cura di lei, non ti sei presa cura di te, le hai trasmesso l'amore per i libri e per la scrittura, ma lei come te ha un corpo sbagliato di cui si vergognerà, una questione irrisolta direttamente collegata alla tua. Da genitori si ha paura di trasmettere ai figli un gene guasto, qualcosa che non funziona, una colpa.

Ho iniziato a vergognarmi del mio grasso proprio alla sua età, e la vergogna era legata alla paura che percepivo intorno a me ogni volta che mi sedevo a tavola, o dovevo provare dei vestiti nei camerini, o frequentavo una lezione di danza o mi trovavo di fronte a estranei.

Non serve che te lo dicano chiaramente, lo percepisci. È una questione di linguaggio non verbale, è il modo in cui ci si avvicina o ci si allontana dal tuo corpo.

Magro è buono, grasso è cattivo.

Lo sguardo sociale sul corpo è meno pressante se in famiglia il tuo corpo non viene giudicato, ma non può essere completamente assente se vivi in una società che alimenta la paura verso tutto ciò che non considera normale. In questi mesi il corpo di mia figlia è cambiato e lei ha iniziato a indossare felpe larghe, cerca di coprirsi, replicando una reazione che milioni di persone hanno avuto prima di lei. Chiude la porta quando è in bagno, non si mostra piú come faceva prima. La bambina che ho lavato e ispezionato per dieci anni, che ho allattato per due, che ho portato nella pancia per 42 settimane sta osservando il proprio corpo cambiare a una grande velocità. Anche quando nasci in una famiglia in cui il contatto fisico è sempre stato essenziale e la nudità non è mai stata un tabú, lo sguardo sociale può farti sentire un mostro e spingerti a sottrarre il tuo corpo alla vista degli altri senza neanche capire bene perché. Sai solo che sei troppo alta, hai già il seno, i vestiti delle tue compagne di classe non ti entreranno mai. Sei diversa da loro, e allora cerchi di nascondere qualcosa che, in realtà, non si può davvero nascondere. Ti senti sempre mille occhi puntati contro, e se metterti in mostra non è ciò che desideri, provi in tutti i modi a diventare invisibile.

Lo stigma nei confronti delle persone grasse è stato oggetto di vari studi, tra cui quello condotto dal Williams College, che ha sottoposto un gruppo di bambini tra i 3 e i 5 anni a quattro diverse misure di stigma delle dimensioni corporee. I ricercatori hanno prima raccontato al gruppo delle storie in cui un bambino si comportava male, e poi hanno chiesto di scegliere, tra varie immagini di bambini di corporatura diversa, quella che secondo loro corrispondeva al bambino cattivo. La ricerca ha evidenziato che anche in bambini molto piccoli è già presente l'idea che il grasso abbia un valore negativo, e che quindi la persona grassa sia piú facilmente colpevole di gesti violenti e maleducati. Addirittura, bambine e bambini sono meno inclini a giocare con bambine e bambini grassi. L'aspetto incredibile, poi, è che lo stigma del grasso si è rivelato piú presente in bambine e bambini in sovrappeso[1].

Può sembrare un risultato paradossale, eppure è facile da spiegare se si osserva quanto lo stigma del grasso sia piú una questione sociale che biologica. Bambine e bambini in sovrappeso vengono probabilmente guardati in modo diverso, e dunque educati a guardare a propria volta il grasso presente sui corpi delle persone e a giudicarlo; per loro, il grasso corporeo è già oggetto di sapere, è già un discorso che alimenta stigma e vergogna, qualcosa che suscita preoccupazione nei genitori, che li fa sentire in colpa e che vengono spinti a giudicare sporco e sbagliato.

Lo stigma del grasso è una paura sociale mascherata spesso da preoccupazione per la salute, e chi viene educato ad ascoltare espressioni e insulti riguardanti il grasso acquisisce quello stesso sguardo prima su di sé, ma in seguito anche su tutte le altre persone. Non si tratta di qualcosa di naturale, ma del frutto dell'educazione familiare, della rappresentazione televisiva (la persona grassa è spesso pigra e quasi sempre gregaria, difficilmente leader di un gruppo, a meno che non sia un gruppo di persone cattive) e delle dinamiche sociali che si ritrovano in tutti i contesti in cui i bambini vivono (scuola, parco giochi, altre famiglie).

Bambine e bambini percepiscono la paura dei genitori riguardo al loro grasso, legata spesso al timore che non abbiano opportunità pari a quelle dei coetanei normopeso e che siano oggetto di riprovazione sociale. Questo, in realtà, come vedre-

[1] P. Cramer e T. Steinwert, *Thin is Good, Fat is Bad: How Early Does it Begin?*, in «Journal of Applied Developmental Psychology», 19(3), 1998, pp. 429-51.

mo, aumenta i comportamenti disordinati e gli effetti nefasti sull'identità personale e sull'autostima.

Del resto, è vero che una persona grassa ha meno possibilità a livello sociale. Nei colloqui lavorativi, molto spesso alle caratteristiche fisiche dei candidati vengono associate qualità o difetti dal punto di vista professionale[2]. In uno studio degli anni Novanta, per esempio, a un gruppo di 320 responsabili delle risorse umane è stato chiesto di valutare, in video, alcune persone. I candidati erano in realtà attori e attrici che, in un primo caso, hanno recitato il discorso motivazionale presentandosi con il proprio corpo normopeso, mentre in un secondo video hanno indossato delle protesi teatrali che li facevano apparire grassi. Nei due video, il discorso, l'indole, l'intonazione erano gli stessi, eppure i risultati hanno evidenziato un grande pregiudizio nei confronti dell'assunzione di candidati in sovrappeso, specialmente se donne[3].

Gli stessi pregiudizi riguardano le relazioni sentimentali[4]. Una ricerca condotta su 554 studenti universitari ha evidenziato che le donne grasse hanno meno probabilità di uscire con qualcuno rispetto alle coetanee normopeso, mentre nel caso degli uomini il peso non è una discriminante. Un altro dato interessante emerso dallo studio è l'effetto che i commenti dei partner hanno sull'autostima delle persone esaminate: per le donne, il peso è un fattore importante nelle relazioni. Poiché è qualcosa di cui il partner maschile parla spesso, magari per chiedere alla compagna un cambiamento, il peso è diventato una fonte primaria di insoddisfazione corporea[5]. Quando si parla di bellezza e grasso, si parla sempre di qualcosa che dovrebbe essere privato, e invece è un fatto pubblico.

[2] Accade anche alle donne, alle persone nere, alle persone con disabilità, alle persone LGBT+.

[3] R. Pingitore, L. B. Dugoni, R. S. Tindale e B. Spring, *Bias Against Overweight Job Applicants in a Simulated Employment Interview*, in «Journal of Applied Psychology», 79 (6), 1994, p. 909.

[4] C. R. Jasper e M. L. Klassen, *Stereotypical Beliefs About Appearance: Implications for Retailing and Consumer Issues*, in «Percept Motor Skill», 71(2), 1990, pp. 519-28.

[5] V. Sheets e K. Ajmere, *Are Romantic Partners a Source of College Students' Weight Concern?*, in «Eating Behaviors», 6 (1), 2005, pp. 1-9.

Il corpo civilizzato.

Solo nell'Ottocento si diffuse l'idea che il grasso fosse qualcosa da cui si era affetti, associato a un'identità primitiva e non civilizzata. Nel 1893, Cesare Lombroso e Guglielmo Ferrero pubblicarono *La donna delinquente: la prostituta e la donna normale*, in cui spiegavano, sulla base dei tratti fisici, come riconoscere, appunto, una donna perbene da una socialmente depravata. La tesi del libro era che sul corpo delle donne potevano essere rintracciate le «stimmate della degenerazione», cioè segni corporei della natura, dell'atavismo e della primitività. La donna delinquente lo era quindi per natura, per tratti distintivi innati, che rappresentavano il «ritorno agli stadi evolutivi precedenti, di carattere atavico». La loro natura primitiva condannava questi individui a violare le leggi della civiltà in cui si trovavano inconsapevolmente.

Gli autori classificarono la struttura e il colore dei capelli, la mascella, la forma degli occhi, la dimensione e la forma del seno e l'aspetto della vulva, i lobi delle orecchie e le cosce, confrontando quelli delle donne «delinquenti» con quelli delle donne «normali». Dal momento che era difficile convincere le donne benestanti a farsi esaminare, lo studio contiene il risultato degli esami forzati su donne detenute e prostitute. Lombroso e Ferrero valutarono anche il peso corporeo, arrivando a sostenere che «le donne criminali sono piú basse delle donne normali; e in proporzione alla loro statura, le prostitute e le assassine pesano piú delle donne oneste». E ancora: «Il peso esagerato delle prostitute è confermato dalla famigerata obesità che compare quando invecchiano nel loro sfortunato mestiere e diventano gradualmente dei chiari mostri di tessuto adiposo».

In generale, per Lombroso una delle prove principali che le donne fossero inferiori agli uomini era proprio la loro «maggiore ricchezza di tessuto connettivo e adiposo». Inoltre, dato che le prostitute, le assassine e le selvagge erano piú grasse di quelle che chiamava «donne normali», significava che erano ancora piú «infantili». Sebbene Lombroso fosse già stato criticato per le sue teorie controverse, ad esempio per l'identificazione dei criminali in base alla forma del loro cranio, queste tesi ebbero ampia diffusione, condizionando moltissimo la cultura dell'ultimo secolo e mezzo.

Il grasso femminile, in questo modo, costituiva una questione di sanità pubblica e di sicurezza dell'ordine sociale, innescando il senso di colpa nelle «donne perbene» che non riuscivano a raggiungere l'ideale di magrezza suggerito. I loro corpi non erano piú privati e personali, ma un fatto pubblico, e dunque le pratiche che dovevano farle tornare alla normalità trovavano sempre piú spazio nei discorsi, nelle riviste, nei libri, diventando un'«ossessione normativa», come l'ha definita la psicologa Judith Rodin.

Non possiamo pensare, in realtà, che i corpi delle persone non fossero mai stati, prima di allora, oggetto dello sguardo esterno: il grasso era visibile anche prima, solo che non faceva paura e non suscitava cattivi giudizi soprattutto perché non c'erano rigidi parametri da rispettare. Tra Ottocento e Novecento, però, il grasso diventò oggetto di disprezzo, un vizio, il segno di una mancanza di forza individuale. La persona obesa era debole di carattere, volgare e di cattivo gusto, e se non riusciva a dimagrire significava che faceva parte di «coloro che non lottano, o che sono sempre sconfitti». Gli scritti del dottor Watson Bradshaw, del dottor Leon Williams o del dottor Henry Finck – per citare solo tre esempi – indicarono uno stigma del grasso prima inesistente, che venne associato alla classe, all'etnia, al genere e alla sessualità[6].

In questo arco di tempo si affermò sempre di piú l'idea che la persona grassa fosse degenerata, incapace di stare in società, di trattenersi, di essere affidabile. La denigrazione dei grassi seguí in questo modo i processi di mappatura di tutte le gerarchie politiche e sociali: essere grassi era un marcatore di inferiorità impossibile da nascondere, che provava l'appartenenza a un

[6] A. E. Farrell, *Fat Shame* cit., p. 127.

basso ceto sociale e la mancanza di governo di sé, di eleganza, di nobiltà d'animo[7].

In una società sempre piú complessa, in cui le classi si mescolavano a causa dei processi del lavoro, del turismo e della vita urbana, gli esseri umani davano vita a nuovi meccanismi per controllarsi a vicenda e per determinarsi. Lo sguardo, nella nascente società di massa, non solo non stava diventando piú libero, ma anzi acquisiva piú filtri.

Come il Panopticon immaginato nel 1791 da Jeremy Bentham, cioè il carcere ideale in cui non serviva piú che il secondino passasse di cella in cella a controllare i detenuti, ma era sufficiente un unico sorvegliante che al centro del carcere potesse sorvegliare tutti i soggetti senza permettere a questi di capire se fossero in quel momento controllati o no, allo stesso modo il canone di bellezza diventava un sistema di controllo molto piú facile, efficace ed economico che mai. Non era quindi una questione estetica, ma un indice utile a differenziare i bianchi dai neri, i ricchi dai poveri e gli uomini dalle donne[8].

Tuttavia, per funzionare, uno strumento di controllo deve essere interiorizzato: se il tuo corpo viene giudicato sulla base di uno standard che tu non trovi credibile, lo stigma non avrà alcun potere su di te. Quando, però, ogni immagine, ogni pubblicità e ogni persona che incontri ti dicono che il tuo corpo è anormale, finirai col crederci e inizierai a percepirlo davvero come sbagliato, te ne vergognerai e sentirai di subire un giudizio, che a quel punto percepirai come legittimo[9].

In effetti, Amy Erdman Farrell scrive che per lungo tempo la denigrazione del grasso non ebbe grande presa tra le persone nere negli Stati Uniti e in Inghilterra, e questo era dovuto sia all'urgenza di pensare alla propria sussistenza, sia al fatto che avevano un parametro diverso di bellezza e quindi esperienze di identità sociale in cui il grasso non era rilevante[10].

[7] *Ibid.*, p. 53.
[8] *Ibid.*
[9] E. Goffman, *Stigma. L'identità negata*, ombre corte, Verona 2003.
[10] A. E. Farrell, *Fat Shame* cit., p. 129.

In realtà medici, riviste e pubblicità si rivolgevano alle persone bianche e benestanti, e in questo modo contribuivano a costruire un'identità etnica e sociale bianca degli americani e dei britannici in contrapposizione a un'«identità degradata» costituita da persone che per genere, costumi, morale, etnia non potevano essere considerate civili, e a cui dunque ogni persona «decorosa» doveva cercare di non assomigliare.

Il valore morale della bellezza.

Erano in particolare le donne bianche e benestanti a essere sollecitate, sia dalla moda sia dalla medicina, a stigmatizzare il grasso: ancora una volta, il luogo in cui i pareri dei medici e degli stilisti confluivano erano le riviste femminili, che producevano costantemente discorsi sul corpo ideale, sulla bellezza «naturale» e sull'essenza della «femminilità».

Il potere sociale che le donne stavano acquisendo, i soldi che riuscivano a guadagnare, la loro forza, il loro coraggio dovevano essere dedicati prima di tutto al miglioramento del proprio aspetto. La donna poteva essere finalmente se stessa, ma «essere se stessa» non era uno spazio libero che ognuna poteva disegnare secondo le proprie inclinazioni, ma uno spazio normativo, fatto di regole e procedure a cui attenersi. La bellezza naturale era, dunque, frutto di sempre piú artifici e manipolazioni.

In questo tranello cadde anche la prima ondata del movimento femminista, che ebbe il merito di ridiscutere tutte le strutture sociali, ma finí col rappresentare sempre corpi bianchi, magri e naturalmente bellissimi. Le femministe dovevano dimostrare di essere civili e di *meritare* il diritto di voto, e «per opporsi alla derisione costante degli antisuffragisti che le disegnavano brutte e grasse, le suffragette cominciarono a rappresentarsi giovani, bianche, magre e seducenti»[11].

Sui giornali statunitensi come «Life» e «Harper's Weekly»,

[11] *Ibid.*, p. 176.

che si autodefinivano i «giornali della civilizzazione», l'idea di un corpo conforme agli standard era sempre piú presente: le loro pagine si rivolgevano a un pubblico bianco, abbiente e istruito, a cui offrivano una gran quantità di vignette derisorie, oltre che nei confronti delle femministe, anche di afroamericani e immigrati.

Eppure, i discorsi sul corpo civilizzato destinati poi a diffondersi in tutto il mondo non nacquero negli Stati Uniti, ma in Francia. Qui riviste come «Marie-Claire» e soprattutto «Votre Beauté» costruivano, numero dopo numero, il mito della silhouette ideale delle donne e alimentavano la convinzione che queste dovessero «meritarsi» e «guadagnarsi» la possibilità di indossare i vestiti alla moda. Tali riviste erano rivolte a donne benestanti, ma anche a donne di condizione sociale modesta che desideravano sposare un uomo facoltoso, e che quindi dovevano dimostrare di essere «civili» e «di classe».

Fitness e vita sedentaria.

In questa cornice nacque la spinta alla ginnastica come rimedio alla vita sedentaria: le lettrici dovevano trovare il tempo di fare ginnastica soprattutto se avevano una routine che le portava a lavorare molto e a rimanere sedute. Dovevano trovare il coraggio di fare sport in ogni caso, perché il lavoro non doveva «mai impedire di essere belle», e per soddisfare questo nuovo bisogno spuntarono i primi prototipi delle odierne palestre. Quella iniziata sulle riviste femminili era una narrazione dello sport e dell'allenamento che suona ancora oggi molto familiare, perché la ritroviamo in qualunque canale di comunicazione, social network compresi[12].

In sostanza, come ha sottolineato Roberta Sassatelli, la disciplina corporea ha conosciuto un processo di commercializzazione, creando un linguaggio, degli strumenti, dei codici di gene-

[12] R. Sassatelli, *Fitness Culture. Gyms and the Commercialisation of Discipline and Fun*, Palgrave MacMillan, London 2014.

re e dei luoghi (le moderne palestre) del tutto nuovi rispetto a prima e inseriti nella società dei consumi. Questo fenomeno è oggetto di riflessioni contrastanti anche in ambito accademico. Infatti, se da un lato ha democratizzato lo sport, permettendo alle persone fino a quel momento escluse di accedere alle attività sportive, dall'altro le ragioni di questa apertura non avevano a che fare tanto con la salute, quanto con l'aspetto fisico[13]. L'Organizzazione mondiale della Sanità consiglia trenta minuti di esercizio al giorno proprio in ragione dello stile di vita sedentario che ha la maggior parte di noi, e proprio perché muoversi ha un effetto importante sul benessere psicofisico; cionondimeno, la narrazione e la comunicazione delle abitudini legate al *fitness* non sono nate per ragioni di salute, né per una critica sociale verso un sistema che induce alla sedentarietà, ma dalla spinta a essere piú belle, a dimostrare di poter incastrare tutto in una giornata di poche ore.

Ecco perché il risultato è spesso legato al senso di inadeguatezza e di fallimento, alla frustrazione e alla percezione di non avere abbastanza motivazione, coraggio, controllo di sé, di non essere abbastanza multitasking.

La sedentarietà come prodotto sociale è diventata l'ennesima fonte di ansia da prestazione, un problema individuale per risolvere il quale servivano – e servono – tutte le energie a disposizione.

Il pensiero positivo.

Una delle prime pubblicità di preparati «anti-grasso» fu quella dell'Allan Anti-fat Remedy, che nella seconda metà dell'Ottocento suggeriva l'idea che le persone grasse fossero infelici, sempre inclini alla lamentela e mancassero di forza fisica e mentale. Per far fronte al nuovo mondo bisognava, al contrario, essere ottimisti, cercare il successo e i soldi, entrare nel pieno dei

[13] R. Ghigi e R. Sassatelli, *Corpo, genere e società*, il Mulino, Bologna 2018, p. 122.

processi moderni, stare al passo con il cambiamento. Poiché servivano agilità, velocità di pensiero e di movimento, anche il corpo doveva essere longilineo.

Non è un caso che proprio in quegli anni nacque – sempre tra la Francia e gli Stati Uniti – ciò che oggi chiamiamo «pensiero positivo». In sostanza, si trattava del New Thought (cioè il «nuovo pensiero»), un movimento di pensatori perlopiú cristiani che diedero vita a delle vere e proprie Chiese (la Chiesa di Scienza Divina, la Chiesa dell'Unità e la Scienza Religiosa), le quali raggiunsero una crescente popolarità soprattutto nei primi trent'anni del Novecento[14]. L'idea alla base del New Thought era che nell'essere umano albergasse una sostanza divina che poteva esprimersi sotto forma di straordinarie capacità, le quali, però, rimanevano quasi sempre inutilizzate. Questi pensatori univano la teologia cristiana e le credenze tradizionali alla medicina alternativa, alle facoltà paranormali e all'ipnosi, sostenendo che una mente aperta a Dio sarebbe stata lontana dalla malattia. In realtà, la dottrina cristiana veniva piegata al servizio del raggiungimento di obiettivi quotidiani e legati al successo, ai soldi, alla cura delle malattie, a una vita sentimentale soddisfacente. Si parlava di Spirito come essenza del tutto, di Dio come Infinita Intelligenza, del pensiero positivo come autostrada verso la guarigione.

Se le persone erano infelici e insoddisfatte della propria vita, la dottrina cristiana poteva rappresentare – insieme a medicine alternative ed esercizi di immaginazione – una tecnica efficace per realizzare i propri desideri. La preghiera, in particolare, era uno strumento centrale, che poteva essere potenziato grazie all'immaginazione attiva, secondo una tecnica elaborata dal farmacista francese Émile Coué.

Secondo Coué, noi siamo ciò che facciamo di noi stessi, e non ciò che la sorte fa di noi, e quindi possiamo migliorarci, aumentare benessere e successo, ottenere la casa che desideria-

[14] Emma Curtis Hopkins, Emma Fox, Myrtle e Charles Filmore, Ernest Holmes, Francis Lord, Phineas Quimby erano tra i piú conosciuti e riuscirono a diffondere le proprie idee attraverso giornali, libri e, in seguito, la televisione.

mo, la moglie e il marito che ci piacciono, il corpo perfetto che vogliamo. La tecnica base era quella dell'*autosuggestione cosciente*, settata sull'idea che se credi che qualcosa sia positivo, lo sarà. Pare che l'intuizione gli fosse arrivata dopo un'osservazione non proprio scientificamente rilevante: quando dava ai propri clienti i medicinali dicendo con convinzione «Vedrà, le farà certamente bene», gli effetti dei farmaci risultavano piú immediati ed evidenti.

Coué suggeriva di svolgere alcuni esercizi prima di addormentarsi e appena svegli, sollecitando a occhi chiusi delle immagini mentali che avrebbero suggestionato la persona e le avrebbero permesso di ottenere ciò che desiderava, pronunciando ad alta voce la seguente frase: «Tutti i giorni, sotto tutti i punti di vista, vado di meglio in meglio». Fu infatti il primo a parlare di *immagine mentale* e *potere del pensiero*: non aveva senso colpevolizzarsi per il grasso del proprio corpo, ma occorreva immaginarsi già magri e bellissimi.

Nel 1937 venne pubblicato uno dei piú grandi bestseller del movimento, che a oggi ha venduto piú di trenta milioni di copie nel mondo: *Pensa e arricchisci te stesso*, di Napoleon Hill. Secondo l'autore, che definí i propri insegnamenti la Filosofia del successo, «ciò che la mente può concepire e credere, può realizzarlo». Per Hill, l'apparato socioeconomico capitalistico e occidentale era perfettamente in armonia con il pensiero cristiano; la «regola aurea», professata da Gesú Cristo nei Vangeli, avrebbe permesso a chiunque di raggiungere il successo in qualunque campo, a livello finanziario o personale.

Mediante autodisciplina e controllo, la mente umana poteva realizzare tutto ciò che era in grado di concepire. Le persone dovevano solo avere il coraggio di domandarsi in cosa credessero veramente, se la vita che conducevano fosse in armonia con se stessa e se ciò che desideravano fosse davvero ciò che desideravano.

Non c'era niente di sbagliato nella società di mercato, le difficoltà semmai dipendevano dagli individui, spesso incapaci di agire e di trarre il massimo profitto dall'ambiente in cui si trovavano. Ma tale capacità poteva essere sviluppata. Questi autori diedero vita, in sostanza, all'idea che se qualcosa nella realtà non ti piace, è perché qualcosa dentro di te non va. Non è la realtà a essere sbagliata, sei tu a non essere sufficientemente armonizzato con essa[15].

Un grande seguace del New Thought e del Wishful Thinking è sempre stato Donald Trump, che si considera «il migliore allievo» dell'uomo che piú di ogni altro ha diffuso l'espressione «pensiero positivo»: il reverendo Norman Vincent Peale, autore nel 1952 del bestseller *The Power of Positive Thinking*, libro che spiegava come riuscire a ottenere il meglio dalla vita. Da Peale, di cui seguiva i sermoni già da piccolo, Trump avrebbe appreso il grande «segreto», quello grazie al quale la mente sarebbe in grado di superare qualsiasi ostacolo[16].

Queste idee si ritrovano ancora oggi in scrittori come Rhonda Byrne, l'autrice di *The Secret*, o Tony Robbins, autore di *Come ottenere il meglio da sé e dagli altri*. Byrne, per esempio, scrive nel suo bestseller che «i pensieri imperfetti sono la causa di tutte le disgrazie dell'umanità, compresa la malattia, la povertà e l'infelicità. [...] Puoi pensare al tuo metodo per ottenere il perfetto stato di salute, il corpo perfetto, il peso perfetto e l'eterna giovinezza». E aggiunge che non c'è posto per la malattia in un corpo armonioso. È possibile, dunque, avere una vita perfetta e raggiungere l'ideale di bellezza. Se non ci riesci, come sempre, è colpa tua, perché sei incapace di credere e immaginare.

In altre parole, alla spiritualità è accaduto qualcosa di simile a ciò che è accaduto all'idea di bellezza: spogliata del mistero, dell'imprevisto e dell'anormalità, è diventata una tecnica, uno standard con cui dimostrare di essere attivi, funzionali, civili, di successo. Evidenziare questo spostamento di significato non significa svilire i percorsi personali di chi cerca la spiritualità,

[15] M. Gancitano e A. Colamedici, *Tu non sei Dio. Fenomenologia della spiritualità contemporanea*, Tlon, Roma 2016, pp. 59-64.

[16] Per approfondimenti, si veda G. Lachman, *La stella nera. Magia e potere nell'era di Trump*, Tlon, Roma 2019, p. 19.

ma mostrare quanto spesso la spinta al miglioramento di sé rischi di essere un epifenomeno del capitalismo.

Il caso della cellulite.

Il New Thought si concentrava moltissimo sul concetto di «malattia», che però non è naturale e assoluto, ma storicamente determinato. Come ha osservato Michel Foucault, è l'intervento del medico che trasforma il sintomo in un elemento significante, definendo cosa è patologia sulla base delle conoscenze che ha, dell'immaginario collettivo, dei rapporti di potere[17]. La definizione di malattia è un paradosso: come hanno scritto Marc Augé e Claudine Herzlich, «è sia la piú individuale che la piú sociale delle cose»[18].

Secondo Rossella Ghigi, alla luce degli studi di epistemologia, storia, sociologia e filosofia degli ultimi decenni, diventa sempre piú chiaro come non si possa astrarre la conoscenza medico-scientifica sui corpi dallo spirito del tempo, dai suoi pregiudizi e dalle sue false credenze. Ecco perché cambia nel corso dei decenni ed ecco perché riflette spesso le relazioni di potere, riproducendo diseguaglianze e stereotipi. A questo proposito è interessante ricostruire la storia della patologia della «cellulite», estremamente associata all'ideale della magrezza femminile.

Secondo Ghigi, «la cellulite che infesta oggi le vetrine delle nostre farmacie è una preoccupazione collettiva che ha una data di nascita e un paese d'origine: gli anni 1920 in Francia»[19]. Prima di essere «inventata», la cellulite era semplicemente «carne di donna adulta», come ha sostenuto Naomi Wolf: non era oggetto di studio medico e dibattito, né di sensi di colpa da parte delle donne.

[17] M. Foucault, *Nascita della clinica*, Einaudi, Torino 1969.

[18] M. Augé e C. Herzlich, *Il senso del male. Antropologia, storia e sociologia della malattia*, ed. it. a cura di F. Maiello, il Saggiatore, Milano 1988, p. 36.

[19] R. Ghigi, *Le corps féminin, entre science et culpabilisation. Autour d'une histoire de la cellulite*, in «Travail, Genre et Sociétés», 12, 2004, p. 58.

La tredicesima edizione del *Dictionnaire de médecine* di Littré e Robin, pubblicata nel 1873, viene spesso citata quando si parla della prima occorrenza del termine, eppure la definizione lí contenuta faceva semplicemente riferimento a un «nome dato da qualche autore all'infiammazione del tessuto cellulare o connettivo»[20]. Si trattava, quindi, di un neologismo che circolava tra i medici non strettamente legato al corpo femminile.

Solo nel 1923 fu presentato il primo rapporto sulla fibrosi alla Société de Médecine de Paris, seguito qualche anno dopo dalla tesi del Dr. Lagèze a Lione (intitolata *Sciatica e infiltrazioni cellulalgiche*) e nel 1932 dal libro *What is cellulitis?* del dottor Wetterwald, che associava la «cellulite pelvica» a varie cause, tra cui la vita sessuale di donne sposate o vergini. In effetti, visto che la donna senza un uomo al proprio fianco era considerata un essere incompleto, carente e poco funzionante, l'idea che la verginità fosse una disfunzione rappresentava una vecchia convinzione che non solo tardava a morire, ma era ritenuta del tutto ragionevole[21].

Eppure non fu tanto questa letteratura a sostanziare la narrazione della cellulite che conosciamo, quanto quella che iniziò ad apparire sulle riviste francesi, che presero a raccontarla come un «problema femminile». La prima a parlarne nel 1933 fu probabilmente la rivista «Votre Beauté» in un articolo del dottor Debec sugli esercizi contro il grasso. Qui la cellulite veniva definita come un accumulo di «acqua, residui, tossine, grasso, che formano una miscela contro cui si è piuttosto male armati». La cellulite non era propriamente grasso, ma un concentrato di rifiuti tossici «come quelli che si troverebbero in un ascesso o in un tumore per esempio»[22]. Un'idea del genere non poteva che disgustare le lettrici rispetto al proprio corpo e spingerle a fare qualcosa per risol-

[20] «Nom donné par quelques auteurs à l'inflammation du tissu cellulaire ou lamineux». E. Littré e Ch. Robin, *Dictionnaire de médecine, de chirurgie, de pharmacie, de l'art vétérinaire et des sciences, 13ᵉ édition, entièrement refondue par E. Littré et Ch. Robin*, J.-B. Baillière, Paris 1873, p. 250.

[21] B. Remaury, *Il gentil sesso debole. Le immagini del corpo femminile tra cosmetica e salute*, Booklet, Milano 2006.

[22] «Votre Beauté», febbraio 1933, pp. 16-19. Le citazioni successive di «Votre Beauté» e «Marie Claire» sono tratte dall'articolo di Rossella Ghigi già citato.

vere il problema, tanto che la rivista ricevette un gran numero di lettere da parte di donne che si lamentavano di averla nonostante non fossero in sovrappeso. Queste testimonianze permisero alla rivista di continuare a parlarne. Nel 1935, in risposta a una lettera, si leggeva che «la cellulite è carne degenerata. È una miscela di acqua, di materia piú simile all'urina che al sangue o all'acqua. La cellulite è una specie di materiale fibroso che si deposita tra la carne e la pelle»[23]. Del resto, la stessa rivista non prometteva miracoli, ma confortava le donne suggerendo dei rimedi con la speranza che potessero migliorare la situazione:

> Ahimè, se ci fosse una cura per la cellulite, siate certi che la conosceremmo immediatamente. Abbiamo cercato per molto tempo di liberare le donne sfortunate che ne soffrono e non abbiamo trovato nulla. Il massaggio è qualcosa da provare, la ginnastica è qualcosa da fare. Purtroppo, nessuno dei due elimina completamente la cellulite, ma io preferirei la ginnastica. Non sappiamo esattamente perché tutte queste scorie si depositino sotto la pelle; se lo sapessimo, forse potremmo liberarcene[24].

Nel 1937 «Votre Beauté» fu seguita da un'altra rivista, «Marie Claire», che definí la cellulite una «infiltrazione grassa nei tessuti nobili», qualcosa di insidioso e ancora piú dannoso per la salute del sovrappeso, e piú difficile da risolvere[25]. In breve tempo iniziarono a comparire rimedi, creme, pillole e dispositivi casalinghi, come il massaggiatore Point Roller, il vibratore AEG o i Caoutchoucs de Beauté. Tanti di questi prodotti si sarebbero poi rivelati inefficaci o addirittura pericolosi[26]. In realtà, il vero scopo di riviste e pubblicità era quello di spingere le lettrici al consulto specialistico e ai trattamenti in cabina, favorendo in tal modo il successo dei saloni di bellezza, all'epoca in grande espansione a Parigi.

Durante la Seconda guerra mondiale, a causa delle restrizioni alimentari, lo stigma della cellulite prese il posto di quello

[23] «Votre Beauté», maggio 1935, p. 2.
[24] Ivi, novembre 1937, p. 22.
[25] «Marie-Claire», 7 maggio 1937, p. 16.
[26] G. Preziosi, *Conserve. Il corpo come spazio delle meraviglie*, Polimnia Digital Editions, Sacile (PN) 2020, p. 49.

del grasso, che in un momento di grande scarsità di cibo sarebbe stato fuori luogo e non avrebbe catturato l'attenzione delle lettrici[27]. La cellulite, al contrario, riguardava anche le donne magre: in pratica il 90 per cento del genere femminile, leggendo le riviste, scopriva di avere una patologia e veniva spinto a risolverla. Addirittura, in una pubblicità dell'azienda di cosmetici Jeanne Piaubert si leggeva, riferendosi all'occupazione tedesca della Francia nel 1940: «Come risultato degli eventi che abbiamo appena vissuto, la cellulite è diventata molto comune»[28]. Del resto, nel 1946 «Votre Beauté» definí la cellulite «il male del secolo»[29].

Il terrore per la cellulite arrivò negli Stati Uniti molti anni dopo, con l'articolo di una dottoressa ed estetista di origine francese, Nicole Ronsard, apparso su «Vogue» il 15 aprile 1968. Si intitolava *Cellulite. La nuova parola per il grasso che non potevi perdere prima*.

Wonder Woman ha la cellulite.

La sociologa Rossella Ghigi sostiene che la cellulite rappresenta oggi ciò che è stato il corsetto per le donne europee dell'Ottocento: un vero e proprio strumento di tortura che aveva lo scopo di dare un vitino di vespa, spingendo il seno in avanti e inarcando le reni all'indietro per ottenere una forma a S[30]. In *La teoria della classe agiata*, Thorstein Veblen aveva sottolineato che il corsetto rendeva la persona che lo indossava inadatta al lavoro, impedendole di avere movimenti fluidi: in altre parole, la donna benestante era solo una decorazione, il «biglietto da visita» del marito, e doveva solo occuparsi della propria bellezza[31].

[27] P. Stearns, *Fat History. Bodies and Beauty in the Modern West*, New York University Press, New York 1997.
[28] «Votre Beauté», dicembre 1940, p. 35.
[29] Ivi, maggio 1946, p. 30.
[30] R. Ghigi, *Le corps féminin, entre science et culpabilisation* cit., pp. 55-76.
[31] T. Veblen, *La teoria della classe agiata*, Edizioni di Comunità, Torino 1999.

Tuttavia, la differenza tra corsetto e cellulite è che se il corsetto era il simbolo principalmente della classe agiata, la cellulite è diventata un cruccio per ogni donna: ciascuna, secondo le proprie disponibilità di tempo ed economia, prova a «risolvere il problema», senza però riuscire mai a eliminare la pressione. Il bisturi, le tisane, i rimedi naturali, le nuove apparecchiature, le ritualità quotidiane (il *dry brushing*, gli integratori, le guaine massaggianti), i trattamenti che bisogna ricordarsi di fare una, due o tre volte alla settimana. Ci si sente in colpa per la propria incostanza, e nel frattempo si sprecano energie mentali prendendo impegni che si aggiungono a una routine già stracolma di cose da fare.

Oggi per cellulite si intende un'ipertrofia del tessuto adiposo piú che una vera e propria patologia, e già alla fine degli anni Settanta è stata definita come una «malattia inventata»[32]. Ciononostante, dopo decenni di narrazione patologizzante di qualcosa che invece fa parte da sempre del corpo delle femmine umane, è difficile abbandonare l'idea, quando ci si riferisce alla cellulite, di avere qualcosa di sbagliato sulla propria pelle. «La cellulite nasce prima di tutto nello sguardo interessato al corpo nudo e alla sua inestetica, intrecciandosi a riferimenti medici e un mercato tutto da costruire», ha scritto George Vigarello[33].

«Credo di essere una donna intelligente. Ma allora perché penso ventiquattr'ore su ventiquattro alla mia cellulite?» ha scritto Igiaba Scego in un articolo di «Internazionale» commentando la scelta di Alex De Campi, uno dei disegnatori di Wonder Woman per «Sensation Comics», che ha presentato l'eroina non piú in pantaloncini, ma con un costume che le copre le gambe[34]. Nel fumetto, la stessa Wonder Woman spiegava la ragione di quella scelta: qualcuno aveva messo su Instagram una foto che la ritraeva mentre salvava migliaia di persone dopo

[32] F. Nürberger e G. Müller, *So-Called Cellulite: An Invented Disease*, in «Journal of Dermatologic Surgery and Oncology», 4, 3, Elsevier, New York 1978, pp. 221-29.

[33] G. Vigarello, *Storia della bellezza*, Donzelli, Roma 2007.

[34] I. Scego, *Tranquille ragazze, anche Wonder Woman ha la cellulite*, in «Internazionale», 15 maggio 2016.

un terremoto devastante in Messico, e l'immagine era diventata virale perché le sue gambe avevano la cellulite. L'eroina si diceva dispiaciuta: anziché commentare le sue azioni, le persone si erano soffermate su quel dettaglio.

Rossella Ghigi ha ipotizzato che la «malattia» della cellulite sia nata in Francia in un preciso periodo storico, a cavallo tra le due guerre, perché proprio in quegli anni le donne, che pure non avevano ottenuto il diritto di voto, stavano occupando molto piú spazio nella sfera pubblica e nel mercato del lavoro retribuito, diventando consumatrici di attività culturali e di prodotti industriali. La magrezza era diventata simbolo di controllo e indipendenza, della capacità di muoversi e di scegliere liberamente, e le donne rappresentavano in questo modo un target perfetto di consumatrici a cui rivolgersi. Secondo Susan Bordo, è proprio durante i periodi in cui i rapporti di potere tra i generi cambiano e le donne mostrano piú indipendenza che l'industria della bellezza cerca di ristabilire il sistema di genere[35]. In effetti, le riviste si sono a lungo limitate a fare da specchio alle donne, amplificandone le insicurezze, anziché spingerle davvero a rappresentarsi in modo nuovo, a cambiare i rapporti di forza. Non hanno suggerito loro, ad esempio, che la ricerca di un marito facoltoso avrebbe potuto rappresentare una gabbia, ma hanno spiegato che per accalappiare l'uomo giusto ed esserne all'altezza non si deve essere trascurate e indolenti, bensí proattive e determinate.

I disturbi alimentari.

La *diet culture* è quell'insieme di credenze che danno alla magrezza un valore morale, associandola alla salute. Eppure, non sempre l'aspetto fisico e la quantità di grasso possono essere associati allo stato di benessere psicofisico e alla salute di una persona.

[35] S. Bordo, *Il peso del corpo*, Feltrinelli, Milano 1997.

Oggi sempre piú dietologi e nutrizionisti mettono in discussione questa cultura e, con essa, le diete basate sul conto delle calorie, le quali hanno goduto, per tutto il Novecento, di un grandissimo successo, grazie anche agli articoli della scrittrice americana Lulu Hunt Peters, che nel 1918 pubblicò il bestseller *Diet and Health with Key to the Calories*. Il calcolo ossessivo delle calorie assunte, anziché l'attenzione e la cura nei confronti del proprio corpo e della qualità del cibo che si assume, ha spesso come conseguenza lo sviluppo di disturbi alimentari che mettono a rischio la salute fisica e mentale del soggetto.

Come ha raccontato Todd Tucker, nel 1944 i ricercatori dell'Università del Minnesota reclutarono trentasei obiettori di scienza, tutti uomini e in buona salute, e li sottoposero a un esperimento: li lasciarono sistematicamente senza cibo per un anno, al termine del quale ripresero a nutrirli regolarmente. Gli uomini, che avevano perso una grande quantità di peso, cominciarono a presentare dei disturbi psicologici mai mostrati prima: agitazione, nervosismo, confusione, e un rapporto molto diverso con il cibo, simile a un'ossessione, che in alcuni casi si portarono dietro per tutta la vita[36]. È qualcosa che chiunque abbia sperimentato un regime di restrizione calorica conosce: ansia, poca lucidità e difficoltà nel pensiero lungo. Infatti in un contesto di forti restrizioni è la parte piú istintuale del nostro cervello a rispondere alle sollecitazioni esterne.

Ciononostante, moltissime persone pensano ancora di dover provare fame ogni giorno e si sentono deboli e fallite perché non riescono a privarsi del cibo. Per quanto riguarda l'anoressia, Laurie Penny ha raccontato la propria esperienza, sottolineando che «l'anoressia non c'entra con il desiderio di essere carine. Anzi, sapevo che sarei diventata piú brutta perdendo peso, ma volevo apparire schifosa»[37]. Secondo l'autrice, l'autodistruzione fisica e psicologica provocata dai disordini alimentari compensa, in qualche modo, l'autonomia che a donne e ragazze è stata

[36] T. Tucker, *The Great Starvation Experiment: The Heroic Men Who Starved so that Millions Could Live*, Free Press, Simon & Schuster, Inc., New York 2006.

[37] L. Penny, *Meat Market* cit., p. 39.

negata a livello sociale. Va sottolineata, tra l'altro, un'altissima percentuale, tra coloro che soffrono di disordini alimentari, di persone che non sono eterosessuali e cisgender, segno che i disturbi del comportamento alimentare sono legati al modo in cui il tuo corpo viene percepito, appunto, a livello sociale[38].

Penny provava disgusto verso il desiderio, la carne, il cibo, l'amore, il sesso, il lavoro, l'eccitazione, tutti bisogni umani che percepiva come un pericolo e dei cattivi agenti di disturbo. Privarsi del cibo rappresentava, per lei, un allenamento per smettere di desiderare. Ecco perché è molto importante stanare quali storture della società si nascondono dietro le persone con disturbi del comportamento alimentare: «Quando sei anoressica, il mondo si restringe fino a diventare grande come il tuo piatto. Stai lontana dagli amici e dalla famiglia, dimentichi la musica e i libri e la politica che ti piacevano tanto, non riesci a concentrarti su nulla, tranne su come fare per evitare di mangiare. Ti dici che niente dà cosí piacere come sentirsi secche, ma quando alla fine diventi secca hai perso la capacità di sentire qualsiasi cosa»[39]. Se pensi di meritarti di patire la fame, se non credi di meritare un posto nel mondo, diventa molto difficile ricominciare a mangiare.

Come ha evidenziato Vanni Codeluppi in *Vetrinizzazione*, è stato ancora una volta il passaggio avvenuto dalle piccole comunità alle ampie realtà urbane a cambiare i rapporti sociali e la percezione di sé. Gli individui sono passati da un contesto sociale in cui il riconoscimento delle persone avveniva in una dimensione di fiducia reciproca, anche nelle loro diversità – pensiamo allo «scemo del villaggio» –, a un mondo in cui l'Altro è un estraneo, qualcuno di cui non ci si può fidare e che non si fida di noi[40].

Non si tratta di una modernizzazione del mito del buon selvaggio e di idealizzare le società preindustriali che ideali non

[38] Si calcola che il 25 per cento delle donne e il 50 per cento degli uomini che soffrono di disordini alimentari non sono eterosessuali.

[39] L. Penny, *Meat Market* cit., p. 41.

[40] V. Codeluppi, *Vetrinizzazione. Individui e società in scena*, Bollati Boringhieri, Torino 2021, p. 32.

erano affatto, ma di riconoscere un processo che ha stravolto il modo in cui l'essere umano entra in relazione con sé e con gli altri, dando avvio a fenomeni prima pressoché inesistenti.

I peli non sono femminili.

I peli crescono su tutti i corpi, eppure la peluria sulle donne viene reputata segno di sporcizia, trascuratezza e bruttezza. Nella pittura di tradizione europea, non dipingere il pelo sul corpo femminile è stata una convenzione solidissima perché, come ha sottolineato John Berger, il pelo era associato alla potenza sessuale e alla passione, che nella donna andava minimizzata in modo che lo spettatore potesse sentire di avere il monopolio di tale passione[41]. La donna doveva essere guardata, il potere era nello spettatore.

In effetti, a essere ritratte come pelose e baffute sono ancora oggi le donne ritenute vittime di una cultura arretrata o le streghe. Se una donna sceglie di non depilarsi è considerata indecente o provocatoria, sebbene la depilazione femminile sia un'abitudine molto recente, nata quando le donne hanno iniziato a scoprire alcune parti del corpo che in genere tenevano coperte. La prima pubblicità sulla depilazione femminile apparve nel 1914, e l'anno successivo Gillette mise in commercio il Milady Décolleté, il rasoio in grado di «risolvere un imbarazzante problema personale»[42]. È accaduto anche all'influencer Giorgia Soleri, la quale qualche tempo fa ha pubblicato delle storie su Instagram in cui indossava un completo sportivo che lasciava intravedere i peli sotto le ascelle. Ha scatenato cosí le ire di Fabrizio Corona, il quale si è detto disgustato da una radical chic in cerca di visibilità, pronta a monetizzare a tutti i costi il proprio femminismo di facciata. In sostanza, alla scelta personale di una donna sul proprio corpo è stato attribuito ar-

[41] J. Berger, *Questione di sguardi* cit., p. 57.

[42] C. Hope, *Caucasian Female Body Hair and American Culture*, in «The Journal of American Culture», 5 (1), 1982, pp. 93-99.

bitrariamente un valore sociale, economico e politico, oltre che un'offesa personale. Il corpo della donna rimane una questione sociale, addirittura i suoi peli lo sono.

Il mito della bellezza è bianco.

Il mito della bellezza, come abbiamo visto, è strettamente legato a quello della «bianchezza»: il corpo civilizzato è il corpo bianco, tutte le altre caratteristiche devono essere addomesticate perché sono segno di tribalismo e animalità. Questa idea è ancora molto presente nel nostro sguardo. Non a caso, il mercato della bellezza – per esempio quello della *skincare* coreana – è pieno di prodotti sbiancanti, che nel 2020 hanno generato da soli un introito pari a 23 miliardi di dollari.

L'omologazione ai caratteri caucasici tocca moltissime caratteristiche. In Corea del Sud e in altri paesi dell'Asia orientale è diffusissima l'operazione di chirurgia estetica che ricrea la doppia palpebra, cioè che modifica la struttura palpebrale di nascita, considerata un errore da correggere. I capelli, per fare un altro esempio, devono essere folti, lunghi, fluenti, lucidissimi, e questo spinge le persone con ricci afro a nascondere i propri capelli naturali, e a sottoporsi a trattamenti complicati, costosi e a volte dolorosi. Nel romanzo di Chimamanda Ngozi Adichie *Americanah*, la protagonista Ifemelu scrive sul suo blog che nei programmi televisivi in cui rifanno il look agli ospiti, se c'è una donna nera coi capelli naturali (ispidi, a spirale, crespi o ricci), tra la foto del «prima», quella brutta, e la foto del «dopo», quella carina, i capelli vengono sempre lisciati, e in effetti «certe donne nere correrebbero nude per strada piuttosto che farsi vedere in pubblico con i capelli al naturale». Ifemelu sottolinea che non è la stessa cosa delle donne bianche che non si tingono i capelli, e conclude cosí il suo post: «Pensate se Michelle Obama decidesse di restare al naturale e apparisse in tv con una massa di capelli lanosi o di riccioli fittissimi a spirale. (Non c'è modo di sapere che tipo di capelli abbia. Non è insolito che una donna nera abbia tre tipi diversi di capelli in testa). Sarebbe fantastica, ma il povero Obama perderebbe sicuramente il voto degli indipendenti, e anche dei democratici indecisi»[43].

Nel 2001, la parrucchiera americana Lorreine Massey pubblicò *Curvy Girl*, un manuale che affrontava il tema della bellezza e dell'unicità dei ricci afro in anni in cui la stiratura dei capelli era predominante e, come racconta anche Ngozi Adichie, provocava danni e bruciature. Massey denunciava in questo modo i canoni estetici degli Stati Uniti, dando voce a un'enorme quantità di persone che silenziosamente si vergognava dei propri capelli, cercava di nasconderli e spendeva tempo e soldi per modificarli[44]. In Italia, un impegno simile viene portato avanti dalla giovane imprenditrice Evelyne Afaawua, fondatrice del marchio Nappy Italia dedicato proprio alla cura dei ricci afro.

Una persona bianca difficilmente si rende conto di quanto queste dinamiche facciano parte del proprio sguardo sul mondo, influenzandolo fortemente, cosí come è molto probabile che ignori del tutto il *passing*, cioè la capacità di dissimulare la propria identità cercando di passare per bianchi, o il colorismo, la discriminazione nei confronti di individui neri e marroni esercitata da persone dello stesso gruppo sociale, ma di pelle piú chiara. Quando si parla di bellezza, in altre parole, si parla di intricate e complesse relazioni di potere – tra singoli, famiglie, comunità e società – difficili da osservare, specie se si vive in una condizione di privilegio. È forse la ragione per cui romanzi come *La metà scomparsa* di Brit Bennett – dove si racconta la storia di due sorelle, una delle quali, crescendo, riesce a farsi passare per bianca – hanno il potere di mostrare delle storie diverse dalla propria e di comprendere quanto l'idea di corpo civilizzato condizioni la vita delle persone che non nascono con le caratteristiche ritenute normali.

[43] C. Ngozi Adichie, *Americanah*, Einaudi, Torino 2013, pp. 548-49.
[44] E. Accorsi Buttini, *La scienza dei capelli*, Gribaudo, Milano 2021.

La bellezza e le donne trans.

Fin qui abbiamo parlato di donne, facendo riferimento al corpo delle femmine genetiche, cioè cisgender[45]. È importante, però, cercare di capire cosa accade alle donne trans e alle persone non binarie di fronte al mito della bellezza. O, per meglio dire, come si comporta la società non appena posa sui loro corpi il proprio sguardo.

Quando Caitlyn Jenner fece *coming out* come donna transgender, negli Stati Uniti si iniziò a parlare – sia in maniera positiva sia in maniera negativa – del suo aspetto, che finí, anche grazie a una copertina di «Vanity Fair», dentro l'occhio del ciclone mediatico. Fino a quel momento della sua vita, al centro dell'attenzione c'erano stati i suoi interessi, le sue capacità, il suo denaro, le sue famosissime figlie, la sua ex moglie.

Una donna trans, dunque, diventa subito oggetto di uno sguardo oggettivante, eppure allo stesso tempo scardina il sistema di genere che sessualizza e oggettiva il corpo femminile, perché mette al centro la variabilità e molteplicità dei corpi umani, che non seguono le norme sociali e smentiscono il binarismo di genere[46].

Cos'è quindi la donna, se non un costrutto sociale? Quale persona può essere chiamata donna? Sono donne le persone che hanno subito una mastectomia in seguito a un tumore al seno? La società, del resto, le stigmatizza e le fa sentire «meno donne». Sono donne quelle che subiscono mutilazioni e modificazioni genitali, o entrano in menopausa, o nascono senza vagina, o non hanno i fianchi larghi, o sono sterili, o sono intersessuali? Cos'è un corpo femminile?

La lotta delle persone transgender per il riconoscimento sociale, medico e legale dei propri corpi non può essere separata

[45] Le persone la cui identità di genere corrisponde al genere o al sesso assegnato alla nascita si definiscono cisgender, le persone in cui non c'è questa corrispondenza si definiscono transgender, mentre quelle che non si sentono rappresentate da nessuno dei generi tradizionalmente descritti nella nostra società si definiscono non binarie o queer.

[46] Si veda, per questo, C. Lalli, *Tutti pazzi per il gender*, Fandango, Roma 2016.

dalla lotta delle persone nere perché non siano vittime di stereotipi e discriminazioni in tutti gli ambiti della vita, e dalla lotta delle donne cisgender per una medicina che studi il dolore e i disturbi femminili, per esempio l'endometriosi e altre patologie per cui è difficilissimo ricevere una diagnosi e una cura. Si tratta, in ogni caso, di sovvertire un sistema sociale ed economico che nega il diritto di scelta e azione sul proprio corpo, che nega la dignità e i diritti di tutti i corpi.

Del resto, se è vero che non tutte le donne trans adottano gli stessi simboli di genere (l'idea che siano tutte truccatissime ed elegantissime e sempre ben pettinate è uno stereotipo), è vero che quei simboli fanno parte del processo di transizione. Come ha dichiarato Sally Outen, attivista per i diritti delle trans,

> È naturale che una persona che desidera fortemente essere identificata in base al genere a cui sente di appartenere, provi a mostrare alle persone con cui interagisce tutti i simboli che rendano piú facile questo processo di identificazione. Ma non è lei a dover essere colpevolizzata per le stereotipie dei simboli usati dalla società; se vogliamo accusarla di qualcosa, allora ogni persona cis che usa gli stessi segni deve essere accusata alla stessa maniera[47].

Alcune femministe radicali, come Julie Bindel, sostengono che le donne trans riaffermino con la propria transizione gli stereotipi, anziché decostruirli. In realtà, come ha sottolineato Christine Burns, le persone trans sono gli esempi viventi del fatto che il genere è variabile e fluido e che ci sono moltissime sfumature. Secondo Laurie Penny: «l'esperienza delle trans, che si sentono obbligate a spendere un sacco di soldi per essere "considerate" donne, può ritenersi una versione ben piú forte dell'esperienza delle cis che sottostanno al capitalismo patriarcale»[48].

In effetti, per essere considerata donna la persona transgender deve poter passare (*passing*) come tale, e dunque le viene chiesta una dedizione forse superiore a quella richiesta a una

[47] La dichiarazione di Sally Outen si trova in numerosi articoli, tesi di laurea e libri, tra cui R. Pearce e K. Lohman, *De/Constructing DIY Identities in a Trans Music Scene*, in «Sexualities», 22 (1-2), 2019, pp. 97-113.

[48] L. Penny, *Meat Market* cit.

donna cisgender. Se una donna vuoi apparire, molto devi soffrire. Devi meritartelo, devi dimostrarlo continuamente, devi essere femminile. Sempre Laurie Penny scrive:

> La pretesa che i trans si conformino agli stereotipi di genere per poter essere considerati «sani» o «adatti all'operazione» è parte di un'esperienza che anche le cis subiscono se hanno a che fare con gli psichiatri. Quella di spingere con forza le donne ospedalizzate a truccarsi e vestirsi, come segno di «miglioramento psicologico» è una pratica standard[49].

Questo accade anche alle persone non binarie, che non si riconoscono in uno dei due generi previsti dalla nostra cultura, e che per questo vengono viste dalla società come creature strane e indefinite. È il caso di Sam Brinton, una persona queer che nel febbraio 2022 è stata incaricata da Biden di dirigere il dipartimento per l'Energia nucleare. Negli Stati Uniti, la nomina di Brinton è stata aspramente criticata dai conservatori per via della sua identità di genere, e in Italia i giornali hanno lanciato la notizia in modo pressoché identico: una drag queen alla Casa bianca. Brinton ha conseguito la laurea in ingegneria nucleare al Mit di Boston, ha fondato una società specializzata nella gestione di scorie nucleari e nella consulenza sul tema ed è tra i maggiori esperti della strategia globale di smaltimento dei rifiuti nucleari. Eppure, l'opinione pubblica non si è concentrata sulla sua competenza, ma ha posto al centro del discorso il suo aspetto indecoroso. In fondo all'articolo originale del «Corriere della Sera», in seguito modificato, in cui veniva analizzato l'abbigliamento di Brinton, si poteva leggere: «Il suo curriculum però è impeccabile»[50]. Però. La competenza veniva attestata nonostante la stravaganza della sua figura.

Vivere al di fuori del genere imposto non significa non sapere chi sei, ma accettare di dover tradire la struttura sociale per scoprirsi e fiorire.

Trasgredire al ruolo previsto dal proprio genere è il cosid-

[49] *Ibid.*

[50] A. Muglia, *Sam Brinton, queer, ai vertici dell'Energia: l'ultima bufera su Biden*, in «Corriere della Sera», 18 febbraio 2022.

detto *gender bender*, una pratica che forse non dovrebbe essere esclusiva di un gruppo di persone, ma collettiva. Non è possibile che una persona – fatta di luoghi sconosciuti e desideri imprevisti – si senta a proprio agio con tutto ciò che è contemplato dal genere a cui è stata assegnata, ma è probabile che faccia fatica a riconoscerlo e a contrastare la norma. Il tradimento è quindi un gesto politico di desiderio, che rappresenta la possibilità di liberarsi dagli stereotipi e abbracciare la propria molteplicità di essere umano.

Capitolo quinto

Bellezza, moda e vecchiaia

Poco tempo fa ho tenuto una conferenza davanti a un centinaio di persone, oltre a quelle che la seguivano in streaming sui social. Stavo presentando un libro di filosofia del digitale, ero molto concentrata sui temi di cui stavamo parlando, eppure una parte della mia attenzione andava sempre ai vestiti scomodi, a come apparivo dal vivo e online. Ho passato due ore e mezzo a provare fastidio per le calze che tiravano e la giacca stretta, avevo costantemente paura che la maglietta si alzasse e portavo i tacchi anche se facevano male. Dovevo evitare di toccarmi e muovermi troppo, perché il fastidio sarebbe diventato evidente a chi mi stava guardando, le persone si sarebbero chieste se c'era qualcosa che non andava.

A un certo punto mi sono resa conto che gli uomini con me sul palco erano molto piú rilassati: avevano scarpe comode, camicie e pantaloni larghi e stavano seduti senza paura di occupare troppo spazio. Non mi sentivo meno preparata e meno competente di loro, tenevo il filo del discorso, eppure ero a disagio. Una parte della mia mente era altrove.

È la ragione per cui spesso mi viene chiesto come mai in pubblico vesto sempre di nero: perché mi distraggo meno, perché non devo fare abbinamenti, non devo pensare in anticipo a come sarò seduta, a come verrò in video. Il che mi fa risparmiare tantissimo tempo nella preparazione e mi aiuta a rimanere concentrata nel corso della conferenza. Eppure, questo non significa che sia comodo l'abbigliamento che scelgo, perché cerco comunque di prevedere come apparirò nelle foto e dal vivo davanti alle persone. Vestire di nero mi serve a evitare il rischio e l'imprevisto, in altre parole.

Se vivessi in un mondo che si concentra unicamente su quello che dico e non su come appaio, probabilmente andrei alle conferenze in tuta e scarpe da ginnastica e dedicherei ancora meno tempo alla scelta dei vestiti.

La percezione dello sguardo altrui su di noi spiega anche perché moltissime persone d'estate evitano di indossare maglie corte o smanicate, o addirittura vanno in spiaggia totalmente vestite. Non accade solo alle persone grasse, ma anche a quelle molto magre e a quelle normopeso. Io ho passato anni al mare costantemente avvolta nell'asciugamano, anziché rimanere in costume. Quanto si tratta di pudore e quanto di condizionamento?

L'abbigliamento.

Il modo in cui ci vestiamo è il riflesso di relazioni di potere. Siamo davvero libere di scegliere cosa indossare e come indossarlo? Spesso pensiamo di essere consapevoli, eppure finiamo con lo scegliere vestiti che ci portano a controllare costantemente il nostro aspetto fisico.

Secondo Joan J. Brumberg, piú i vestiti hanno lasciato scoperte certe parti del corpo, piú hanno richiesto un loro monitoraggio: «A partire dagli anni '20, le gambe e le ascelle delle donne dovevano essere lisce e prive di peli; il busto doveva essere snello e i seni dovevano essere piccoli e sodi»[1]. La libertà di mostrarsi implicava, in realtà, un maggiore controllo interno del corpo, «un imperativo che si sarebbe intensificato e reso ancora piú potente alla fine del XX secolo»[2].

Anche per questa ragione sono nati l'abbigliamento contenitivo e corsi dove si insegna a fare attenzione a come appaiono certe parti del corpo mentre ci muoviamo. Questi accorgimenti

[1] J. J. Brumberg, *The Body Project. An Intimate History of American Girls*, Vintage, New York 1998, p. 173.

[2] *Ibid.*

non toccano solo le ragazze e le donne adulte, ma anche le bambine, perché fanno parte dell'educazione di genere. La sociologa della University of Michigan, Karin A. Martin, ha condotto una ricerca per osservare il modo in cui bambine e bambini giocano nella scuola dell'infanzia, deducendo che gli abiti interferiscono spesso con la libertà di movimento delle bambine, distraendole da ciò che fanno. Il modo in cui vestiamo le bambine, secondo la sociologa, può alimentare una tendenza al monitoraggio corporeo che le accompagnerà negli anni a venire[3].

Moda, genere e decoro.

La moda ha contribuito piú di quanto pensiamo a definire i confini di genere, dividendo innanzitutto ciò che era femminile da ciò che era maschile[4]. La differenziazione tra abiti femminili e abiti maschili nacque nel Duecento, ma fino all'Ottocento non era davvero rigida, basti pensare all'abbigliamento dei nobili, all'uso del trucco, delle parrucche, dei tacchi, dei colori.

Un cambiamento radicale ci fu, ancora una volta, alla fine del Settecento, in concomitanza con la Rivoluzione francese e la nascita della borghesia: questa nuova classe sociale non voleva piú esibire sfarzo, opulenza e abbondanza, ma sobrietà, velocità, dedizione al lavoro e ideali egualitari. I capi dovevano quindi essere semplici, pratici, funzionali[5].

Secondo George Simmel, è sempre dai confini di genere che deriva il forte legame tra le donne e la moda:

> È dalla debolezza della posizione sociale alla quale le donne sono state condannate per la maggior parte della storia che deriva il loro vincolante rapporto con tutto ciò che appartiene al «costume», con «ciò che si conviene», con la forma di esistenza generalmente valida e approvata. Infatti

[3] K. A. Martin, *Becoming a Gendered Body. Practices of Preschools*, in «American Sociological Review», 63 (4), agosto 1998, pp. 494-511.

[4] E. Wilson, *Adorned in Dreams: Fashion and Modernity*, Rutgers University Press, New Brunswick, N. J. 2003.

[5] Per una veloce panoramica di questo processo rimando a N. Brajato, *The Genderless Revolution: il nuovo maschile tra corpo e moda*, in «Bossy», 29 dicembre 2015.

il debole evita l'individualizzazione, il basarsi oggettivamente su se stessi, con le proprie responsabilità e la propria necessità, il difendersi da sé con le proprie forze. [...] Mantenendosi sul terreno solido del costume, della media, del livello generale, le donne aspirano intensamente all'individualizzazione e alla distinzione della personalità che sono ancora relativamente possibili. La moda offre loro una felice combinazione: da un lato un campo di imitazione generale [...] dall'altro una distinzione, un'accentuazione, un ornamento individuale della personalità[6].

Secondo il filosofo, la moda rappresentava per le donne una possibilità di esprimere potere all'interno di una società in cui non potevano averlo, anche quando erano benestanti. La moda garantiva loro uno spazio di innovazione, attenzione, cura, che non poteva derivare altrimenti, e che in un certo senso controbilanciava la discriminazione che subivano nella partecipazione alla vita sociale. Se è vero che questa dinamica è ricorrente nella storia dell'umanità, è indubbio che – ancora una volta – tale relazione di potere nasca in seno alla società capitalistica e borghese[7].

La moda maschile.

Cos'è accaduto, al contrario, agli uomini? Come ha scritto lo psicologo John Carl Flügel in *Psicologia dell'abbigliamento*, con la nascita della classe borghese «gli uomini rinunciarono al loro diritto alle forme di decorazione piú brillanti, sfarzose, eccentriche ed elaborate, cedendolo completamente alle donne, e facendo perciò dell'abbigliamento maschile un'arte tra le piú sobrie ed austere. Dal punto di vista sartoriale, questo avvenimento dovrà essere considerato come la "Grande rinuncia" del sesso maschile»[8].

Da quel momento la moda maschile si ridusse a pochi pezzi e a uno spettro limitatissimo di colori. Le linee divennero rigi-

[6] G. Simmel, *La moda*, Editori Riuniti, Roma 1985, pp. 36-37.
[7] M. C. Marchetti, *Power dressing: donne e potere*, in A. M. Curcio (a cura di), *Le mode oggi*, FrancoAngeli, Roma 2015, pp. 131-33.
[8] J. C. Flügel, *Psicologia dell'abbigliamento*, FrancoAngeli, Milano 2003, p. 123.

de, perché in qualche modo dovevano mostrare pubblicamente la trasparenza delle intenzioni e delle azioni, l'affidabilità del comportamento, il decoro. L'uniforme borghese identificava il vero uomo, quello che agiva nel mondo con eleganza e fermezza. Un insieme di simboli che si manifestava con l'eliminazione di qualunque elemento rischiasse di essere di troppo.

Eppure, oggi tutto questo ci sembra «naturale», «normale», ed è la ragione per cui le sfilate di moda *genderless*, in cui saltano le barriere di genere, appaiono a molti come una degenerazione o una provocazione, quando potrebbero rappresentare l'occasione di ridiscutere la Grande rinuncia e affermare la libertà di vestirsi come si desidera, e non secondo gli obblighi associati al genere. Ma è anche la ragione per cui chi fa parte del genere maschile ha paura di indossare certi abiti, certi accessori, certi colori, giudicandoli «effeminati», dunque in grado di mettere a rischio la propria immagine.

Nel gennaio 2022, per esempio, i poliziotti italiani delle questure di Pavia, Varese, Ferrara, Bologna, Siracusa e Venezia si sono opposti all'uso di alcune mascherine FFP2 che avrebbero dovuto usare durante l'orario di servizio, perché di colore rosa. Il sindacato Sap si è fatto carico della protesta, scrivendo al capo della polizia Lamberto Giannini per chiederne il ritiro, dato che le mascherine rosa non erano «coerenti con l'uniforme della Polizia di Stato». Il colore giudicato «indecoroso», rischiava di pregiudicare l'immagine dell'istituzione[9]. La vicenda è interessante perché permette di sottolineare l'idea di «decoro» associata al colore rosa, che in realtà è considerato «da femmine» solo da poco piú di un secolo, e a causa della scelta arbitraria di alcuni centri commerciali che iniziarono a dividere gli articoli dei reparti per neonati sulla base di rosa e azzurro. Anche la moda del fiocco colorato per annunciare la nascita di un bambino sembra non sia nata prima del 1929, probabilmente a opera di un'ostetrica bolognese[10].

[9] Cfr. *Le mascherine rosa non le indossiamo, l'assurda protesta 'per il decoro' della polizia*, in «Il Riformista», 13 gennaio 2022.

[10] E. Gianini Belotti, *Dalla parte delle bambine*, Feltrinelli, Milano 2013, p. 42.

Come ha scritto Elena Gianini Belotti nel classico *Dalla parte delle bambine*:

> La stanza di un maschio è arredata in genere in modo piú rigoroso, meno frivolo di quella di una bambina. Predominano il celeste o i colori vivaci, sono assenti le tappezzerie a fiori, l'eccesso di ornamenti. La stanza della bambina è piú leziosa, è ricca di ninnoli e cianfrusaglie, abbondano i toni pastello, se non addirittura il rosa. Ancor prima che emerga nel bambino un comportamento che possa essere giudicato maschile (come l'aggressività, la voracità, la vivacità, l'irrequietezza, il pianto robusto, eccetera), si sente il bisogno di rassicurarsi contrassegnando il bambino con un colore prestabilito, un simbolo comprensibile a tutti che lo faccia riconoscere di primo acchito come maschio[11].

La nascita delle taglie.

Anche le taglie dei vestiti sono un'invenzione recente, che provoca non pochi fastidi, ansie e sensi di colpa in chi ha un corpo non conforme agli standard. Si tratta di un sistema che è stato elaborato in concomitanza con la diffusione della moda pre-confezionata.

Prima della metà del Settecento, infatti, la maggior parte dei vestiti era fatta su misura da sarti o, per la popolazione piú povera, in famiglia. L'abbigliamento confezionato era limitato ai vestiti dei marinai (gli *slops*), ai pantaloni di pelle per uomini e ad altri indumenti adatti a ufficiali o soldati in tempo di guerra. Con la rivoluzione industriale, però, la produzione tessile, lo sviluppo delle macchine e i processi di produzione basati sulla forza lavoro e la catena di montaggio diedero il via al confezionamento di abiti pronti all'uso, e quindi alla creazione di un sistema di classificazione proporzionale alle misure dei corpi[12].

Intorno al 1820, negli Stati Uniti l'abbigliamento maschile era disponibile già confezionato, e anche i sarti, di lí a po-

[11] *Ibid.*, pp. 43-44.

[12] C. B. Kidwell e M. C. S. Christmas, *Suiting everyone. The democratization of clothing in America*, Smithsonian Institution Press, Washington D.C. 1974.

co, iniziarono a gestire grandi stock di capi pronti per uomini e ragazzi[13]. In pochissimi anni nacquero i grandi magazzini e le ditte all'ingrosso che fornivano velocemente i piccoli negozi al dettaglio, e già verso il 1840 si producevano sempre piú capi pronti, specie quelli difficili da cucire in casa, come mantelli e corsetti da donna[14].

Tra il 1870 e il 1880 nacquero i cataloghi di vendita per corrispondenza, che permettevano una distribuzione piú capillare. Mentre l'abbigliamento maschile era quasi del tutto confezionato, quello femminile ebbe uno sviluppo piú lento, arrivando a essere disponibile solo intorno al 1910.

All'inizio, le taglie degli indumenti già pronti potevano essere modificate e personalizzate a seconda della vestibilità, con il costo delle modifiche già compreso nel prezzo, in modo che l'indumento avesse una base semplice da realizzare. Ogni produttore stabiliva il proprio sistema di taglie per tentativi ed errori, eppure già alla fine del 1888 il catalogo dei grandi magazzini Altman mostrava degli abiti adatti solo a donne «proporzionate». Per molto tempo si usarono taglie divise per età (dai 12 ai 20 anni) e basate sulla misura del busto.

Alla fine dell'Ottocento, secondo la rivista «The Cutter Up», il catalogo della catena di distribuzione Searse forniva trentanove taglie femminili (le misure andavano dalla 32 alla 44 e avevano tre proporzioni: regolare, robusta e piccola). Lo stesso catalogo Sears, nel 1966, forniva un totale di sole venti taglie, divise per quattro categorie sulla base di altezza e struttura del corpo, mentre la catena di magazzini JC Penney, nel 1967, mostrava abiti con sole sette taglie diverse.

Perché queste variazioni? La ragione era dovuta al fatto che, negli anni Venti e Trenta, ci si rese conto che le alterazioni delle taglie rappresentavano un enorme costo di produzione e il rischio

[13] W. Aldrich, *History of Sizing Systems and Ready-to-Wear Garments*, in S. P. Ashdown, *Sizing in Clothing. Developing Effective Sizing Systems for Ready-to-Wear Clothing*, Woodhead Publishing Limited, Cambridge 2008, pp. 1-56.

[14] S. P. Ashdown, *Designing Apparel for Consumers*, Woodhead Publishing Limited, Cornell University, New York 2014, pp. 20-21.

di rimanere con moltissima merce invenduta, dunque era piú conveniente produrre lo stesso numero di capi per un *range* ristretto di misure. Era necessario, quindi, sviluppare delle taglie che si adattassero al maggior numero possibile di clienti[15]. Negli anni Cinquanta e Sessanta era ancora possibile la modifica dei capi in negozio, ma spesso il costo non era piú compreso nell'acquisto del capo. Chi aveva un corpo diverso dallo standard, in altre parole, iniziava a pagarne letteralmente il prezzo. Di lí a poco, però, i servizi di modifica iniziarono a sparire del tutto dai grandi magazzini, perché rappresentavano un lavoro poco remunerativo. Il ciclo della moda doveva essere veloce, pratico e standardizzato.

Su questa base si è costruita tutta l'industria dell'abbigliamento, in particolare quella della *fast fashion*, cioè della moda basata su cicli velocissimi di produzione e consumo e spesso su scarsa qualità delle materie prime, sfruttamento delle risorse naturali e del lavoro[16]. Con un risultato: se nell'Ottocento la modifica di un capo pronto era la regola, oggi, quando proviamo un vestito in un camerino e ci accorgiamo che non ci veste bene, pensiamo immediatamente di essere sbagliate e di avere un corpo anormale.

Nel 1939, il «Time» riportò lo sforzo compiuto dal dipartimento dell'Agricoltura di standardizzare i vestiti delle donne, alla luce del fatto che i produttori statunitensi ritenevano che non avere taglie fisse costasse loro dieci milioni di dollari all'anno[17]. Ruth O'Brien e William Shelton raccolsero i dati di cinquantanove punti diversi del corpo di quindicimila donne, cercando di definire la «donna americana media». Lo scopo era scoprire le relazioni proporzionali tra le misure che potessero essere ampiamente applicate per creare un sistema semplice e standardizzato di taglie. Tuttavia, in cambio di una piccola ricompensa in denaro, si erano presentate alle misurazioni quasi

[15] I. Jeacle, *Accounting and the Construction of the Standard Body*, in «Accounting, Organizations and Society», 28, 2003, pp. 357-77.

[16] Consiglio a questo proposito la visione del documentario di Andrew Morgan, *The true cost*, 2015.

[17] Cfr. *Women: No Boondoggling*, in «Time», 25 dicembre 1939.

soltanto donne bianche, povere e in genere molto magre, che tra l'altro vennero misurate e analizzate in modo disomogeneo (alcune in piedi, altre sedute). Inoltre le misure si basavano prima di tutto sulla dimensione del busto, perché l'idea era che le donne avessero tutte una figura a clessidra. Naturalmente ne uscí un campione che non rappresentava la media nazionale.

Alla fine degli anni Quaranta, la Mail Order Association of America, che rappresentava le principali imprese di cataloghi per corrispondenza, decise di analizzare di nuovo le misure con l'aiuto del National Bureau of Standards, usando come modelle le donne che avevano servito in aviazione, le quali ovviamente non rappresentavano la fisicità delle normali donne statunitensi. Nel 1958, il National Bureau of Standards pubblicò il *Body Measurements for the Sizing of Women's Patterns and Apparel*, che intendeva fornire alla consumatrice un mezzo per identificare il suo tipo di corpo e la sua taglia, indipendentemente dal tipo di abbigliamento o dal produttore dell'indumento. Le taglie delle donne andavano dalla 8 alla 42. Una donna taglia 8 aveva un busto di 78 centimetri, una vita di 60 centimetri e un peso di 44 chili[18].

Il governo aggiornò di nuovo questi standard nel 1970, ma era sempre piú evidente che tantissime donne ne fossero escluse, prima di tutto le donne non bianche. Queste linee guida vennero quindi seguite pochissimo, finché nel 1983 lo standard di taglie venne ritirato e i produttori furono lasciati liberi di definire le taglie come meglio credevano[19]. Le misure che nel 1958 corrispondevano a una taglia 12 (cioè una 42 europea e una 48 italiana) sarebbero state ridefinite in una taglia 6 nel 2011 (cioè una 36 europea e una 42 italiana). Un grafico del «New York Times» del 2011 mostra che la misura della vita di una taglia 8 può differire di ben dodici centimetri di stoffa tra diversi stilisti[20].

[18] Ch. Ingraham, *The Absurdity of Women's Clothing Sizes, in One Chart*, in «The Washington Post», 11 agosto 2015.

[19] Cfr. L. Stamper, *The Bizarre History of Women's Clothing Sizes*, in «Time», 23 ottobre 2014.

[20] Cfr. *A Different Size 8 for Each Designer*, in «The New York Times», 24 aprile 2011.

Il «vanity sizing».

Oggi i negozi creano le taglie sulla base delle proprie preferenze, e spesso nello stesso negozio si possono trovare standard diversi. Talvolta si pensa che lo scopo sia ridurre le misure per risparmiare tessuto, ma accade anche il contrario. Negli anni Novanta, per esempio, ha iniziato a diffondersi il *vanity sizing*, che consiste nel modificare le taglie degli abiti per solleticare la vanità dei clienti. In altre parole, la taglia dei vestiti diventa progressivamente piú grande nel corso dei decenni: se negli anni Ottanta un girovita di 70 centimetri corrispondeva a una taglia 44, oggi corrisponde a una 42.

Questa manipolazione nasce dal fatto che l'industria della moda sa bene cosa ci accade in camerino quando ci sentiamo anormali e grasse, dunque corre ai ripari. Come? Non cercando di normalizzare tutti i corpi, ma solleticando la nostra vanità: non aumenta il *range* di taglie, superando la 46 o la 48, ma permette a un corpo taglia 46 di entrare in una 44, semplicemente cambiando l'etichetta. In questo modo ti sentirai «normale» e comprerai sempre da noi, e in quantità maggiore. Lo scopo è provocare una reazione emotiva, la soddisfazione di essere entrati in una taglia piú piccola di quella che si indossa di solito.

Dal *vanity sizing* rimangono comunque fuori moltissimi corpi, sulla base di fisicità, grasso o disabilità, ma la spinta delle taglie al ribasso intende nascondere il mito della bellezza: se entro in una taglia «normale» mi sentirò una persona «normale», e non mi importerà piú di distruggere gli standard. Anzi, è possibile che la vanità solleticata dalla taglia mi spinga a partecipare alla derisione delle persone piú grasse di me, perché stare negli standard mi farà sentire civilizzata[21].

L'assurdità di queste misurazioni si esprime oggi nelle taglie che negli Stati Uniti scendono progressivamente al di sotto del-

[21] A. E. Farrell, *Fat Shame* cit., p. 353.

lo zero. L'idea di una taglia *0* o *00*, tra l'altro, sembra suggerire che per essere belle le donne debbano occupare meno spazio possibile. Piú il numero è basso, piú si alza l'autostima. Essere magre è diventato glamour, ma come abbiamo visto non è sempre stato cosí[22]. Al di là del pericolo di associare la propria identità e il proprio valore a una misura, il grande problema di questo sistema è che si basa su una misurazione del tutto arbitraria e mutevole, come quella delle taglie.

Del resto, le riviste di tutto il mondo non fanno altro che lanciare notizie sul peso delle star. L'ideale di magrezza femminile veicolato dalle pubblicità, dalle riviste e dalla televisione è lontano dal cambiare, e le icone di bellezza sono diventate negli anni sempre piú magre. Alcuni studi sulle protagoniste femminili delle principali sitcom trasmesse in prima serata negli Stati Uniti hanno rilevato che la maggior parte di loro era sottopeso[23].

Escono libri sulle diete, programmi televisivi in cui le persone grasse fanno a gara a chi perde piú chili, si parla ogni anno di prova costume: e poiché i nostri cervelli sono continuamente sollecitati da informazioni del genere, diamo sempre piú importanza alle dimensioni e alle misure. Questo, però, è inversamente proporzionale a ciò che accade davvero ai nostri corpi: nonostante tutto, o forse in ragione di questa ossessione normativa, le misure e il peso medio delle persone nel pianeta continuano a crescere.

La dittatura della taglia 42.

A raccontare bene la sensazione di anormalità che vivono le donne rispetto alle taglie è stata Fatema Mernissi, scrittrice e sociologa marocchina i cui studi sono stati importanti sia per distruggere molti pregiudizi sulla cultura musulmana, sia per avere

[22] M. Triffin, *Vanity Sizing: The Insanity of Size 0*, in «Cosmopolitan.com», 12 novembre 2009.

[23] G. Fouts e K. Burggraf, *Television Situation Comedies: Female Weight, Male Negative Comments, and Audience Reactions*, in «Sex Roles», 42 (9-10), 2000, pp. 925-32. Id., *Television Situation Comedies: Female Body Images and Verbal Reinforcements*, ivi, 40 (5-6), 1999, pp. 473-81.

uno sguardo esterno sulle relazioni di genere nella sfera pubblica delle società «occidentali».

In *L'harem e l'Occidente*, Mernissi ha raccontato di quando, in un grande magazzino americano, decise di comprare una gonna in cotone e le venne detto che i suoi fianchi erano troppo larghi per una taglia 42, e che non c'erano gonne della sua misura in negozio[24]. La commessa le spiegò che le taglie 40 e 42 erano la norma e che le taglie «anomali», come quella di cui lei aveva bisogno, si potevano comprare solo in negozi specializzati. Era la prima volta che si sentiva dire una cosa del genere, perché in Marocco i suoi fianchi erano considerati belli: «I miei fianchi, fino a quel momento segno di una rilassata e disinibita maturità, erano improvvisamente condannati come deformi». Non che in Marocco non esistessero degli standard per la bellezza del viso, per esempio, ma il corpo non doveva rientrare in una misurazione precisa.

Quell'episodio colpí molto Fatema Mernissi, perché rese evidente un giudizio sul suo corpo che prima non si sarebbe mai aspettata, dal momento che per tutta la vita aveva associato la bellezza a uno stato dell'animo, mai a una misura: «Certe mattine mi sento brutta perché sono stanca o indisposta, in altre mi sento meravigliosa perché c'è il sole oppure perché ho scritto un bel paragrafo»[25].

Negli Stati Uniti ci si aspettava che lei restringesse i suoi fianchi abbondanti per entrare nella taglia 42, se voleva trovare una gonna decente. Questo, però, avrebbe costretto una donna con la sua fisicità a un digiuno costante: «Privarmi del cibo, delle abbuffate di tagin (il recipiente in terracotta che permette a carne e verdure di stufare per ore su un fuoco di braci) è decisamente il modo migliore di paralizzare le mie facoltà di pensiero». Ne concluse che l'immagine di bellezza dell'Occidente poteva ferire fisicamente una donna, e umiliarla tanto quanto il velo imposto da una polizia statale in regimi estremisti quali l'Iran, l'Afghanistan o l'Arabia Saudita. Questo genere di ob-

[24] F. Mernissi, *L'harem e l'Occidente*, Giunti, Milano 2009, pp. 163-71.
[25] *Ibid.*

bedienza dipendeva dal potere maschile, giacché il controllo delle industrie di abbigliamento, moda, cosmetici, biancheria intima era maschile: i capitalisti, i manager, persino gli statistici che dovevano definire il corpo della donna media americana erano uomini. Al contrario, in Marocco Mernissi si disegnava i vestiti da sola, al massimo ne discuteva con altre donne. Era affar suo. Comprava la stoffa e se li faceva cucire da una sarta che ogni volta le prendeva le misure.

Ecco perché, con la sua consueta ironia, Mernissi concludeva cosí il suo racconto: «"Io ti ringrazio, Allah, per avermi risparmiato dalla tirannia dell'harem della taglia 42", ripeto a me stessa, mentre me ne sto seduta sul volo Parigi-Casablanca, felice di tornare a casa»[26].

Se film come *Il diavolo veste Prada*, in cui tutto questo mondo viene raccontato, possono apparire estremi e caricaturali, è importante sottolineare che posizioni simili vengono prese pubblicamente da chi lavora nel settore. Lo stilista Rob Zangardi, per esempio, ha affermato che le star possono piú facilmente prendere in prestito abiti firmati da indossare al redcarpet se rientrano nelle taglie di campionario delle modelle. L'assurdo è che, per entrarci, molte celebrità sono diventate cosí piccole che anche i campioni sono troppo grandi per loro[27].

In effetti, il filosofo francese Pierre Bourdieu ha scritto che

> il dominio maschile, che le costituisce in quanto oggetti simbolici, il cui essere (esse) è un essere-percepito (*percipi*), finisce col porre le donne in uno stato permanente di insicurezza corporea o, meglio, di alienazione simbolica: le donne esistono innanzitutto per e attraverso lo sguardo degli altri, cioè in quanto oggetti accoglienti, attraenti, disponibili. Da loro ci si attende che siano «femminili», cioè sorridenti, simpatiche, premurose, sottomesse, discrete, riservate se non addirittura scialbe. E la pretesa «femminilità» non è spesso altro che una forma di compiacenza nei confronti delle attese maschili, reali o supposte, soprattutto in materia di esaltazione dell'ego. Di conseguenza, il rapporto di dipendenza nei confronti degli altri (e non soltanto degli uomini) tende a divenire costitutivo del loro essere[28].

[26] *Ibid.*

[27] M. Triffin, *Vanity Sizing: The Insanity of Size* o cit.

[28] P. Bourdieu, *Il dominio maschile*, Feltrinelli, Milano 2014, p. 101.

Questo non ha solo delle conseguenze sull'identità personale, ma è una questione politica: «Come si fa a organizzare una marcia politica credibile, e gridare nelle strade che i tuoi diritti umani sono stati violati perché non riesci a trovare una gonna che ti va bene?»[29].

L'arma del tempo.

Nel suo libro, Mernissi sottolineava che il discorso delle taglie non aveva a che fare solo con il grasso, ma anche con l'età. In effetti, come abbiamo visto, per lungo tempo le taglie dei vestiti sono state numerate in base all'età delle donne, dai dodici ai vent'anni. Secondo la sociologa, se l'harem musulmano costringeva le donne in uno spazio limitato, l'arma usata dall'harem occidentale era piú subdola, pericolosa e sottile, in quanto meno visibile e piú fluida: il tempo. «L'obiettivo rimane identico in entrambe le culture: le donne occidentali che consumano il tempo, guadagnano esperienza con l'età e divengono mature, sono dichiarate brutte dai profeti della moda, proprio come le donne iraniane che consumano lo spazio pubblico»[30].

Nel momento in cui la bellezza femminile viene congelata in un'infanzia idealizzata, le donne percepiscono l'età come una «vergognosa svalutazione». Si tratta di una violenza sofisticata, perché mascherata da una scelta estetica che in realtà nasconde l'invecchiamento come simbolo di inutilità: «puntando il riflettore sulla femmina preadolescente, l'uomo occidentale vela le donne piú vecchie, quelle della mia età, avvolgendole nel chador della bruttezza. Questa idea mi dà i brividi, perché trasforma l'invisibile frontiera in un marchio impresso direttamente sulla mia pelle di donna». E ancora: «mentre l'uomo musulmano usa lo spazio per stabilire il dominio maschile escludendo le donne dalla pubblica arena, l'uomo occidentale

[29] F. Mernissi, *L'harem e l'Occidente* cit., p. 171.
[30] *Ibid.*

manipola il tempo e la luce. Egli dichiara che la bellezza, per una donna, è dimostrare quattordici anni. Se osi dimostrarne cinquanta, o peggio sessanta, sei inaccettabile. Puntando il riflettore sulla donna bambina e mettendola in cornice come ideale di bellezza nelle proprie immagini, egli condanna la donna matura all'invisibilità».

Secondo Mernissi, qualcosa di simile accadeva anche in Cina con il bendaggio dei piedi: gli uomini dichiaravano belle solo le donne che avevano i piedi piccoli come quelli di una bambina. Secondo l'ideale di bellezza stabilito dagli uomini cinesi, nella Cina feudale era considerata bella la donna che volontariamente sacrificava il suo diritto a muoversi, mutilando i suoi stessi piedi, e dimostrando cosí che nella vita l'obiettivo principale era quello di compiacere gli uomini.

Vecchiaia e ageismo.

Si parla sempre poco di cosa accade alle donne quando invecchiano. In altre parole si parla sempre poco del cosiddetto giovanilismo (*jeunisme*), o di quello che oggi chiamiamo *ageismo*, cioè la discriminazione sulla base dell'età. Si tratta di una vera e propria *colpa* che viene attribuita alla donna che invecchia, perché «la morte della bellezza giovanile viene considerata la morte del femminile», come ha scritto Loredana Lipperini in *Non è un paese per vecchie*. È come se la donna, invecchiando, si portasse dentro qualcosa che marcisce. La donna non piú legata alle funzioni riproduttive diventa simbolo di morte, e quindi colpevole di ricordare con il suo stesso corpo il piú grande tabú del XXI secolo[31].

Inoltre, se il mito della bellezza mette le donne le une contro le altre, la vecchiaia come vergogna sociale legittima, come ha scritto sempre Lipperini, questo sguardo feroce: «Quando si invecchia si è prontissime a prendere le misure di quanto l'al-

[31] L. Lipperini, *Non è un paese per vecchie*, Bompiani, Milano 2020, p. 129.

tra invecchia “male”, sia quel “male” da attribuire all’eccesso di botulino, sia da attribuire alla sciatteria»[32].

Le riviste sono ancora piene di articoli su come portare i capelli, come vestire e non vestire, truccarsi e non truccarsi dopo una certa età, e fino a poco tempo fa dava ancora scandalo una donna che decideva di tenere i capelli bianchi. Oggi il valore dato ai capelli bianchi sta cambiando, grazie soprattutto alle star di Hollywood alfiere delle campagne #hairpositive o della #silverera, cioè l’era dei capelli argentei.

È stato il caso, per esempio, di Andie MacDowell, che nel luglio 2021 è arrivata sul red carpet del Festival di Cannes con un vivace rossetto corallo, nessun segno di chirurgia al viso e la sua solita chioma folta, ma stavolta del tutto grigia. Se moltissime persone hanno salutato con gioia la scelta di MacDowell, vedendola come una distruzione degli stereotipi, in Italia non sono mancati i commenti di disprezzo e talvolta addirittura di disgusto.

Qualche settimana dopo, MacDowell è apparsa sulla copertina di «The Zoe Report», spiegando che durante i primi mesi di pandemia, nella primavera del 2020, aveva deciso di non tingere piú i capelli. Lo scalpore paradossale della notizia stava nel fatto che per piú di trentacinque anni MacDowell era stata testimonial globale delle tinte per capelli di L’Oréal. Insieme a lei pare crescere la schiera di attrici e star che aderiscono all’idea di *graceful ageing*, cioè che cercano di invecchiare con grazia. Alla giornalista che la intervistava, MacDowell ha detto: «Penso che le donne siano stanche dell’idea che non si può invecchiare ed essere belle. [...] Gli uomini invecchiano e noi continuiamo ad amarli. E io voglio essere come un uomo. Voglio essere bella e non voglio rovinarmi per essere bella». Si tratta sempre e comunque di un ideale di bellezza, e il tentativo è ancora una volta quello di non «rovinarsi». Se non con il tempo, in questo caso con la chirurgia plastica. In effetti, la giornalista apriva l’articolo con questa dichiarazione: «Lei brilla, non co-

[32] *Ibid.*, p. 10.

me un'ingenua dalle guance rosee, ma come un essere maestoso che è appena sceso dal monte Olimpo»[33].

Andie MacDowell rimane una dea, anche con i capelli bianchi. Per le donne normali, però, non rappresenta lo stesso un modello ideale e irraggiungibile? Il corpo di Andie MacDowell, la quale nel servizio sulla rivista indossava abiti Valentino che le calzavano perfettamente, è davvero cosí disturbante per gli standard? Nel 2006, tra l'altro, lo stilista Valentino Garavani aveva lanciato strali contro le donne che non accettano di non poter piú vestire come sedicenni, indossando per esempio una minigonna: «Oggi, purtroppo, si vedono in giro cinquantenni che vogliono sembrare delle ventenni. Hanno la faccia color terracotta, portano tonnellate d'oro, borse ricamate e abiti di chiffon. Un vero disastro. Bisogna saper invecchiare, ribellatevi alla moda che vi fa brutte»[34].

Questo genere di dichiarazioni mette paura alle donne quando invecchiano: devo essere giovane, ma non devo diventare ridicola? Come faccio a trovare la giusta misura? Come ha scritto Simone de Beauvoir in *La terza età*: «L'uomo anziano appare al piú giovane come la sua caricatura: si diverte a metterlo in ridicolo, allo scopo di dissociarsene col riso. Sono rimasta sconcertata quando, a New York, sulla Bowery, ho visto il celebre locale dove cantano e danzano, sollevando le gonne, delle spaventose ottantenni. Il pubblico si sganasciava dalle risa: che cosa significava, esattamente, questa ilarità?»[35].

Ecco allora che il mito della bellezza diventa un dovere sempre piú soverchiante, perché se invecchiare oggi non è piú il tabú di un tempo e avere i capelli grigi sembra anche apprezzabile, bisogna *saper* invecchiare. Bisogna farlo con dignità e con grazia, per non diventare oggetto di derisione. Devi imparare a invecchiare, se non vuoi vergognarti di quello che sei.

Di piú: bisogna dimostrare, arrivate ai cinquanta o ai ses-

[33] L. Mechling, *The Silver Era of Andie MacDowell*, in «The Zoe Report», 15 settembre 2021.

[34] Citato in L. Lipperini, *Non è un paese per vecchie* cit., pp. 9-10.

[35] S. De Beauvoir, *La terza età*, Einaudi, Torino 2008.

sant'anni, di essere in una fase nuova ed entusiasmante. Devi riscoprirti, ricominciare, rifiorire, dare sempre un'idea di freschezza, vivacità. Devi essere «10 years younger look», cioè dimostrare dieci anni di meno, e allo stesso tempo *quintastic*, cioè una cinquantenne fantastica[36]. Devi dimostrare forza vitale, felicità, e tutto questo attraverso un corpo tonico, snello, scattante, elastico. Puoi iniziare una nuova attività, un nuovo percorso, prenderti cura di te dopo decenni dedicati ad altre persone, perché finalmente i figli sono grandi, i mariti sono distanti e tu hai tutto il diritto di innamorarti di nuovo.

A questo proposito vale la pena di leggere un testo che Elena Gianini Belotti ha scritto alla fine degli anni Ottanta in *Amore e pregiudizio*:

> Gli osanna tributati alle attrattive della donna matura significano che la sua età costituisce ancora l'unità di misura sulla quale la si giudica, la si valuta, la si apprezza. [...] Se le cinquantenni vengono glorificate, non è perché sono cambiati i codici relativi all'età femminile, ma perché sono cambiate le cinquantenni. Quando si esaltano le loro attrattive, si esclude implicitamente l'accettazione di una donna-persona con il viso, il corpo, il cervello, il cuore che ha subordinandola al suo aspetto estetico. Il culto esasperato dell'immagine tipico del nostro tempo tenta di esorcizzare la vecchiaia, la decadenza, la fine, attraverso la rappresentazione ossessiva di una perenne, inalterata giovinezza che sfida il tempo e dà l'illusione di una vittoria sulla morte. Mentre si ostentano le immagini della morte accidentale, occasionale e violenta, la morte quotidiana che conclude il ciclo vitale viene accuratamente nascosta e rimossa. [...] La fata e la strega delle favole, con la contrapposizione tra bellezza-giovinezza-bontà e bruttezza-vecchiaia-cattiveria, sono ancora parte dell'immaginario collettivo[37].

In altre parole, «non si dice alle cinquanta-sessantenni che possono continuare a fare quel che hanno fatto come persone, ma che possono continuare a vivere il sesso, che possono continuare, con i dovuti aiuti, a essere toniche e lisce»[38]. Purché non ci ricordino che si muore, che il corpo deperisce, che l'esistenza è solo transitoria. In effetti, chi invecchia, chi non rimane liscia

[36] C. Walden, *Quintastic: 50 is the New 30*, in «The Telegraph», 28 gennaio 2010.
[37] E. Gianini Belotti, *Amore e pregiudizio*, Mondadori, Milano 1988.
[38] L. Lipperini, *Non è un paese per vecchie* cit., p. 140.

e tonica è ancora una brutta strega, con i capelli troppo lunghi, poco attraente, a cui si può dire che vuole fare la maestrina e che vuole insegnarci come si sta al mondo. Alla donna vecchia non viene permesso di essere saggia, la accettiamo solo se ci dimostra di essere fresca e con le farfalle nello stomaco quando si innamora. Grimilde può essere finalmente la piú bella del reame per tutta la vita, senza sentirsi in competizione con Biancaneve, purché ci dimostri di essere di una bellezza divina.

Le donne invisibili e la menopausa.

Andie MacDowell vuole comunque essere splendida e rimanere una dea. I suoi capelli bianchi sono un sollievo, ma rappresentano davvero un sovvertimento del sistema? Quando nel maggio 2020 Salma Hayek ha postato sul suo profilo Instagram la foto delle proprie radici bianche con la didascalia «be proud of your roots», giocando sul doppio significato del termine «radici», ci ha davvero liberato dal mito della bellezza?

In *Trick Mirror*, la scrittrice Jia Tolentino si chiede qualcosa del genere a proposito della possibilità che la rottura dei tabú da parte delle star scardini il mito della bellezza anche per le donne comuni: «Le vite delle donne famose sono determinate da balzi esponenziali di visibilità, denaro e potere, mentre le vite delle donne ordinarie sono perlopiú governate da cose banali: classe, istruzione, mercato immobiliare, prassi lavorative»[39].

Tolentino si riferisce in particolare a Kim Kardashian, che durante la gravidanza era ingrassata moltissimo, ma aveva continuato a indossare tacchi altissimi e abiti succinti, diventando oggetto di critiche feroci. L'autrice canadese arriva a dire qualcosa di disturbante, su cui però sarebbe bene riflettere: «È vero che il mondo ha detto a Kim Kardashian di essere troppo incinta, cosí come "troppo grassa, troppo superficiale, troppo falsa, troppo formosa, troppo sensuale" e che questa sorta di moni-

[39] J. Tolentino, *Trick Mirror*, NR, Pescara 2020, p. 229.

toraggio riflette un'ansia misogina riguardo al suo successo e al suo potere. Ma Kim è famosa e potente non a dispetto di queste cose, ma *proprio grazie* a queste cose. Essere superficiale, falsa, formosa e sensuale le conviene»[40]. Come ha scritto anche Renee Engeln in *Beauty Mania*: «Kim Kardashian non posta selfie sexy per intrattenerci; sta costruendo e rafforzando il suo brand, in modo da ottenere piú clienti»[41].

Non credo che queste precisazioni possano giustificare gli insulti verso Kardashian o verso qualunque altra donna che si mostra sui social, anche perché, come vedremo in seguito, la prigione della bellezza non fa sconti e ferisce donne bellissime e invidiate come Emily Ratajkowski e Demi Moore. Tuttavia, porci questa domanda può spingerci a osservare un nodo importante del sistema sociale.

A tal riguardo, Anne Helen Petersen racconta il caso emblematico di Madonna, che a suo giudizio ha abbracciato e praticato il culto della forma fisica e della sessualità in modo estremo, «affermando il diritto di essere un oggetto sessuale oltre l'età ritenuta socialmente appropriata»[42]. Cosí facendo, però, Madonna non ha suggerito che «*tutte le donne* sulla cinquantina e sessantina dovrebbero essere rilevanti. Piuttosto, lei crede che *le donne che le somigliano* possano esserlo»[43].

Tolentino suggerisce, quindi, che «questo tipo di violazione delle regole opera, per definizione, a livello del singolo individuo straordinario. Non è costruita per tradursi nella vita ordinaria»[44]. È un discorso simile a quello che Nancy Fraser fa a proposito della parità di genere: una donna che raggiunge posizioni di vertice accettando il sistema capitalistico – come Sheryl Sandberg in Facebook – sta cambiando le cose per se stessa, ma non sovverte davvero il sistema. Invece bisogna lottare per i diritti del

[40] *Ibid.*, p. 232.

[41] R. Engeln, *Beauty Mania* cit.

[42] *Ibid.*, p. 232.

[43] A. H. Peterson, *Too Fat, Too Slutty, Too Loud. The Rise and Reign of Unruly Woman*, Plume, New York 2017.

[44] J. Tolentino, *Trick Mirror* cit., p. 232.

restante 99 per cento, per migliorare la condizione delle persone normali, delle donne invisibili[45].

In effetti, il modo in cui si guarda chi non invecchia con grazia e dignità non è cambiato in questi anni. Si parla sempre di piú di mestruazioni, si parla ancora poco degli effetti della menopausa. Ciò accade perché, come la morte, la fine dell'età fertile è un passaggio da allontanare, da spostare, a cui non prestare attenzione finché non arriva il momento. A quel punto, poi, si cerca di «correre ai ripari», di sventare la catastrofe che rischia di abbattersi, ancora una volta, sul corpo. La fine delle mestruazioni è vissuta come la perdita della fertilità, e questo fa paura perché significa che la donna non è piú in grado di svolgere la sua primaria funzione sociale. «Se in altri paesi questo le offre lo status di saggia e un maggiore grado di libertà, nei paesi ricchi va ancora nascosto»[46].

Scrive Lipperini che «oggi il corpo delle anziane non è piú amico, e il sadismo si estende fin dove possibile. Il bombardamento, sempre presente nella vita di una donna fin dagli anni dell'asilo, tocca punte di isteria proprio dopo i cinquant'anni. Le riviste femminili mostrano corpi sempre piú giovani e sempre piú impossibili, acuendo cosí la consueta schizofrenia della lettrice, divisa fra articoli trillanti sulle gioie della seconda giovinezza e le immagini che confermano come sia irraggiungibile quella seconda età dell'oro anche a costo di piallare, drenare, livellare, idratare, nutrire. Tagliare, quando serve»[47].

La vecchiaia non è davvero al centro, non viene rappresentata, e una donna che a cinquant'anni non si rinnova è comunque considerata inadeguata. Non sta facendo il suo lavoro, non si sta meritando la qualifica professionale della Bellezza.

E se prova a raccontare questa condizione le viene detto, ancora una volta, che la pressione che avverte è una sua debolez-

[45] N. Fraser, C. Arruzza e T. Bhattachraya, *Femminismo per il 99%*, Laterza, Roma-Bari 2019.

[46] C. Flamigni, *Il grande tabú delle donne. Come affrontare senza timori la menopausa*, Mondadori, Milano 2004.

[47] L. Lipperini, *Non è un paese per vecchie* cit., p. 130.

za, qualcosa che lei percepisce ma che in realtà non esiste. O, quantomeno, che non esiste *piú*.

In fondo, ancora da vecchia si sente ripetere le stesse cose che le hanno detto per tutta la vita.

Capitolo sesto
Quando la bellezza diventa malattia

Il desiderio di essere belle e il chiodo fisso delle imperfezioni del proprio corpo vengono visti, spesso, come debolezze femminili. Dovresti imparare a farti scivolare addosso quello che ti viene detto, perché se ti tocca e condiziona significa che non sei abbastanza forte. Dovresti liberarti dal bisogno di approvazione e dare la colpa del tuo disagio alle pressioni esterne.

Chi ti scrive «scrofa» sotto un'immagine che pubblichi o chi ti urla «cicciona» quando cammini per strada deve solo essere ignorato. Sbagli tu che te la prendi, che dai importanza all'insulto.

È quello che crediamo anche noi, che finiamo col sentirci pigre, ingorde e indisciplinate, e che in questo modo ci sentiamo due volte colpevoli: di non essere abbastanza belle e di non essere abbastanza forti.

L'insoddisfazione corporea.

Come dimostrano innumerevoli ricerche, rispetto agli uomini le donne investono molte piú risorse mentali nel monitoraggio corporeo e nelle pratiche di bellezza. Nel 1998, Alan Feingold e Ronald Mazzella hanno ipotizzato che i disturbi alimentari nelle donne fossero in crescita a causa dell'aumento dell'insoddisfazione corporea. Per questa ragione hanno analizzato 222 studi condotti negli ultimi cinquant'anni, rilevando un aumento drammatico del numero di donne con una cattiva immagine corporea. In sostanza, hanno concluso che la differenza di genere riguardo all'insoddisfazione verso il proprio corpo esiste da decenni e non fa che peggiorare[1].

Questo sta avvenendo nonostante negli ultimi decenni il livello di istruzione e professionalità delle donne sia piú alto che mai, e sembra confermare la tesi di Wolf degli anni Novanta: piú le donne hanno delle possibilità di studio e affermazione personale, piú crescono il giudizio sui loro corpi e la pressione sociale sul loro aspetto.

In una delle prime ricerche che condusse alla Loyola University di Chicago durante il suo dottorato agli inizi degli anni Duemila, Renee Engeln chiese a un centinaio di studentesse di pensare all'immagine della donna ideale in base agli standard sociali, quindi di riflettere sul suo aspetto e di descriverlo. In seguito, chiese di immaginare in che modo sarebbe cambiata la loro vita se avessero avuto le stesse caratteristiche fisiche. Quali differenze ci sarebbero state? Piú del 70 per cento delle studentesse disse che la gente le avrebbe trattate meglio[2].

La teoria dell'auto-oggettivazione.

Nel 1997, Barbara L. Fredrickson e Tomi-Ann Roberts hanno formulato la teoria dell'oggettivazione[3], secondo la quale i corpi femminili vengono valutati e osservati in misura maggiore rispetto a quelli maschili, e percepiti come *oggetti*. Le donne, in altre parole, non sono viste come esseri umani dotati di pensieri, emozioni, desideri, ma prima di tutto come oggetti sessuali. Il loro corpo viene frammentato e definito dallo sguardo maschile.

Le due studiose hanno cosí confermato le intuizioni che Simone de Beauvoir aveva annotato ne *Il secondo sesso*, quando

[1] A. Feingold e R. Mazzella, *Gender Differences in Body Image Are Increasing*, in «Psychological Science», 9 (3), 1998, pp. 190-95.

[2] R. Engeln, *Beauty Mania* cit., p. 35.

[3] B. L. Fredrickson e T.-A. Roberts, *Objectification Theory: Toward Understanding Women's Lived Experiences and Mental Health Risks*, in «Psychology of Women Quarterly», 21 (2), giugno 1997, pp. 173-206.

dichiarava: «Lei è soltanto ciò che l'uomo decide che sia; cosí viene qualificata "il sesso", intendendo che la donna appare essenzialmente al maschio un essere sessuato: la donna per lui è sesso, dunque lo è in senso assoluto. La donna si determina e si differenzia in relazione all'uomo, non l'uomo in relazione a lei; è l'inessenziale di fronte all'essenziale. Egli è il Soggetto, l'Assoluto: lei è l'Altro»[4].

Come ha scritto Chiara Volpato, nelle società occidentali «il corpo femminile è troppo spesso ridotto a oggetto sessuale, minimizzato in una sorta di gigantesca sineddoche, in cui una parte è sufficiente a indicare l'intera persona, che perde cosí la sua integrità psicofisica»[5]. Ne consegue che alla società interessa stabilire se il corpo sia accettabile o no, conforme o no, prima di chiedersi chi è, cosa pensa, cosa desidera, cosa conosce la persona che abita quel corpo, quali obiettivi vorrebbe raggiungere, quali competenze sviluppare.

Vivere in una cultura che oggettivizza sessualmente il corpo femminile porta le donne a fare altrettanto, a percepirsi allo stesso modo, a interiorizzare la prospettiva di un osservatore esterno come visione primaria del proprio sé fisico, cioè a passare dall'*oggettivazione* all'*auto-oggettivazione*. Tale processo le spinge di conseguenza al monitoraggio abituale del corpo (o sorveglianza), alla vergogna e disistima di sé, a stati ansiosi, a emozioni negative legate all'aspetto, nonché a rinunciare a opportunità lavorative e personali importanti, quindi a esperienze significative. Le ricadute sulla salute mentale di questo atteggiamento possono essere depressione unipolare, disfunzioni sessuali e disturbi alimentari, che in effetti colpiscono le donne in percentuale di gran lunga superiore agli uomini.

Se intorno a te ricevi da sempre segnali che ti dicono che sei un oggetto, imparerai a percepirti allo stesso modo, a trattarti come un oggetto, a frammentare le parti del tuo corpo e a valutare il tuo valore di essere umano sulla base dell'aspetto fisico.

[4] S. De Beauvoir, *Il secondo sesso*, il Saggiatore, Milano 2012, pp. 14-15.
[5] C. Volpato, *Deumanizzazione. Come si legittima la violenza*, Laterza, Roma-Bari 2011.

Imparerai a guardarti dall'esterno, secondo quella che in neuropsicologia viene chiamata *visione allocentrica del corpo*, e a disprezzarti[6]. Imparerai a cercare di sedurre, piacere e compiacere, perché da lí arriverà la fortunata conferma del tuo valore. Le tue competenze e le tue capacità verranno dopo, se verranno, ma sarà sempre il corpo la tua *carte de visite*[7].

L'auto-oggettivazione è l'atto di vedere il sé, e in particolare il corpo, da una prospettiva in terza persona: le donne sono portate a guardarsi come osservatrici del loro sé fisico, e quindi a perdere la consapevolezza enterocettiva. Lo sguardo oggettivante porta alla frammentazione della coscienza e incide sulle prestazioni cognitive. In altre parole, riempie e intossica i pensieri quotidiani e le risorse intellettuali ed emotive che potrebbero essere destinate alla propria crescita personale e professionale.

Se alcune ricerche dimostrano che la sorveglianza del corpo si riduce – pur non scomparendo – con l'aumento dell'età, bisogna pur dire che ha occupato talmente tanto spazio nella vita delle donne da condizionarne pesantemente tutta l'esistenza[8].

Consapevolezza enterocettiva, esperienze di picco e stato di flusso.

Focalizzarsi sul corpo limita la vita personale e riduce la *consapevolezza enterocettiva*, cioè la sensibilità naturale agli stimoli interiori provenienti dal proprio corpo: il battito cardiaco, il bisogno di riposo, l'appetito, gli stati emotivi.

Osservi il tuo corpo come se fosse un nemico o un'entità bisbetica verso cui devi sempre mostrare la tua autorità: ecco perché ti colpevolizzi, ti rimproveri, ti senti in colpa. È come se

[6] G. Riva, *The Key to Unlocking the Virtual Body: Virtual Reality in the Treatment of Obesity and Eating Disorders*, in «Journal of Diabetes Science and Technology», 5, 2011, pp. 283-92.

[7] M. McKinley e J. S. Hyde, *The Objectified Body Consciousness Scale: Development and Validation*, in «Psychology of Women Quarterly», 20, 1996, pp. 181-215.

[8] M. Tiggemann e J. E. Lynch, *Body Image Across the Life Span in Adult Women: The Role of Self-Objectification*, in «Developmental Psychology», 37, 2001, pp. 243-53.

diventassi un estraneo giudicante che non fa altro che puntare il dito sottolineando tutto ciò che non va. Non c'è compassione, non c'è comprensione, non c'è perdono.

Secondo una ricerca della Kent State University, piú le donne si auto-oggettivano, piú faticano a riconoscere condizioni interiori come emozioni, fame e sazietà[9]. Tra gli stati negativi è stata rilevata l'insorgenza di disturbi del comportamento alimentare, depressione e disfunzioni sessuali, come dimostrano ormai innumerevoli studi[10].

L'auto-oggettivazione riduce poi gli stati di picco (le *peak experience* teorizzate da Abraham Maslow) e le esperienze di flusso (le *flow experience* di Miháli Csíkszentmihályi), cioè quelle sensazioni di totale assorbimento nell'esecuzione e nello scorrere fluido di una certa attività fisica o mentale, vissute dall'individuo come momenti particolarmente gratificanti e piacevoli, che danno *senso* a ciò che sta facendo[11].

In pratica, l'attenzione che la società ha sulla tua bellezza ti porta a osservarti da fuori, e questo ti impedisce di vivere pienamente le tue esperienze di vita, di sentirti in fioritura, di seguire la tua vocazione. È come se la questione della bellezza rappresentasse una costante interferenza che rende difficilissimo sentirsi nel flusso.

[9] T. A. Myers e J. H. Crowther, *Is Self-Objectification Related to Interoceptive Awareness? An Examination of Potential Mediating Pathways to Disordered Eating Attitudes*, in «Psychology of Women Quarterly», 32 (2), 2008, pp. 172-80.

[10] Per approfondimenti: R. M. Calogero e J. K. Thompson, *Potential Implications of the Objectification of Women's Bodies For Women's Sexual Satisfaction*, in «Body Image», 6, 2009, pp. 145-48. B. Moradi, D. Dirks e A. Matteson, *Roles of Sexual Objectification Experiences and Internalization of Sociocultural Standards of Beauty in Eating Disorder Symptomatology: An Examination and Extension of Objectification Theory*, in «Journal of Counseling Psychology», 52, 2005, pp. 420-28. D. M. Szymanski e S. L. Henning, *The Role of Self-objectification in Women's Depression: A Test of Objectification Theory*, in «Sex Roles», 56, 2007, pp. 45-53. M. Tiggemann e J. K. Kuring, *The Role of Body Objectification in Disordered Eating and Depressed Mood*, in «British Journal of Clinical Psychology», 43, 2004, pp. 299-311.

[11] M. Csíkszentmihályi, *Flow. Psicologia dell'esperienza ottimale*, ROI, Macerata 2021. Ho parlato piú diffusamente di flow nel libro che ho scritto con Andrea Colamedici *Prendila con filosofia*, HarperCollins, Milano 2021.

La prova costume.

La teoria di Barbara L. Fredrickson e Tomi-Ann Roberts viene continuamente messa alla prova da numerose ricerche che cercano di esaminare il legame tra il processo di auto-oggettivazione e l'immagine corporea, gli stati depressivi, i comportamenti alimentari, il livello di soddisfazione sessuale e la realizzazione intellettuale delle persone esaminate. La letteratura in questo campo è sterminata, e se in alcuni casi le correlazioni osservate sono incerte, rimane comunque la teoria di riferimento negli studi su quello che accade all'identità personale immersa nella nostra società.

Uno studio molto significativo è stato condotto sempre da Fredrickson e Roberts insieme a Stephanie M. Noll, Diane M. Quinn e Jean M. Twenge allo scopo di indurre sperimentalmente all'auto-oggettivazione, per osservare se le conseguenze ipotizzate fossero parte della natura umana o specifiche delle donne[12]. Si è trattato di una ricerca piuttosto articolata a cui sono stati sottoposti vari gruppi di uomini e donne convinti di partecipare a un'analisi del loro comportamento in qualità di consumatori. I ricercatori hanno chiesto ai partecipanti di indossare un costume da bagno o un maglione in un camerino di fronte a uno specchio a figura intera. Le persone si trovavano da sole, nessuno le osservava. Successivamente, dovevano completare un test sul cibo e un test matematico.

Lo studio ha confermato i timori di partenza. Le donne che avevano indossato il costume da bagno reagivano al test sul cibo con disagio e, se sottoposte al test matematico mentre indossavano il costume da bagno o subito dopo, mostravano una scarsa prontezza, perché ancora nel pieno dell'auto-oggettivazione.

Un esperimento analogo ha cercato di misurare le prestazioni di un gruppo di donne in costume da bagno, cioè in uno stato di

[12] B. L. Fredrickson, T. A. Roberts, S. M. Noll, D. M. Quinn e J. M. Twenge, *That Swimsuit Becomes You: Sex Differences in Self-objectification, Restrained Eating, and Math Performance*, in «Journal of Personality and Social Psychology», 75 (1), 1998, p. 269.

potenziale auto-oggettivazione, alle prese con il test di Stroop. Si tratta di un compito che in psicologia cognitiva viene usato per verificare i tempi di reazione di un soggetto a una richiesta semplice, per esempio riconoscere il nome di alcuni colori scritti con un colore diverso («verde» scritto in rosso, «giallo» scritto in blu). La prova ha fatto emergere che, indipendentemente dal tipo di parola, le partecipanti in costume da bagno hanno mostrato prestazioni ridotte, probabilmente perché parte delle loro risorse cognitive era impegnata nel monitoraggio corporeo, cioè nello stato di auto-oggettivazione[13].

Da un'altra ricerca, è risultata evidente la vergogna che le donne provano per il proprio corpo in costume da bagno. In questo secondo caso, però, i ricercatori si sono chiesti se la sensazione di disagio sarebbe rimasta anche dopo che le partecipanti fossero tornate a indossare i propri vestiti. Hanno quindi sottoposto un compito a risposta libera sia alle partecipanti che avevano indossato il costume, sia ad altri tre gruppi di controllo, osservando un comportamento interessante: chi aveva da poco indossato il costume, nel compito si era poi abbandonato a una quantità maggiore di pensieri legati al corpo[14]. Il meccanismo dell'auto-oggettivazione non è, quindi, uno stato passeggero, ma qualcosa che ha un effetto duraturo e che mantiene l'attenzione delle donne sul proprio aspetto.

«*Self serving bias*».

Il *self serving bias* è la tendenza ad avere illusioni positive, cioè a considerare gli avvenimenti positivi come frutto del proprio merito, e attribuire la colpa degli eventi negativi a fattori esterni. In uno studio sulla diversa percezione del corpo tra donne e

[13] D. M. Quinn, R. W. Kallen, J. M. Twenge e B. L. Fredrickson, *The Disruptive Effect of Self-objectification on Performance*, in «Psychology of Women Quarterly», 30 (1), 2006, pp. 59-64.

[14] D. M. Quinn, R. W. Kallen e C. Cathey, *Body on My Mind: The Lingering Effect of State Self-objectification*, in «Sex Roles», 55 (11-12), 2006, pp. 869-74.

uomini è stato analizzato un campione di studenti universitari che dovevano autovalutare la propria bellezza e la propria intelligenza. Il test ha evidenziato la tendenza, sia da parte degli uomini che delle donne, a sovrastimare la propria intelligenza; solo i maschi però hanno sopravvalutato la propria bellezza fisica[15].

In un altro studio, sono state condotte interviste con uomini e donne di età compresa tra i 22 e i 62 anni per esplorare la loro relazione con il corpo. È emerso che gli uomini vedono il proprio corpo come un'unità e si concentrano su quanto sia funzionante, in grado di fargli compiere delle azioni, mentre le donne si focalizzano sulla sua immagine, su quanto risponda agli standard. Allo stesso modo, per le donne l'invecchiamento è percepito come qualcosa da evitare, un fattore di decadimento e di pericolo, mentre per gli uomini il suo impatto è neutro o addirittura positivo. Invecchiare, per loro, non è un problema.

Infine, in uno studio condotto dall'Università di Toronto, un gruppo di 587 ragazze è stato seguito dai 13 ai 18 anni: scopo della ricerca era cercare di capire attraverso il Latent Growth Curve Modeling multivariato (Mlgm) che impatto avrebbero avuto l'auto-oggettivazione, il monitoraggio corporeo e l'autostima sui sintomi depressivi. Le ragazze che hanno sperimentato una diminuzione dell'oggettivazione corporea tendevano anche ad aumentare l'autostima e a diminuire i sintomi depressivi nel corso dell'adolescenza[16].

Vergogna e «body shaming» come strumenti di educazione.

È ancora molto diffusa l'idea che il *body shaming* sia utile per dimagrire e prendersi cura di sé. Eppure, sempre piú ricerche mettono in luce che ricevere insulti sul proprio corpo e provare

[15] M. T. Gabriel, J. W. Critelli e J. S. Ee, *Narcissistic Illusions in Self-evaluations of Intelligence and Attractiveness*, in «Journal of Personality», 62 (1), 1994, pp. 143-55.

[16] E. A. Impett, J. M. Henson, J. G. Breines, D. Schooler e D. L. Tolman, *Embodiment Feels Better: Girls' Body Objectification and Well-being Across Adolescence*, in «Psychology of Women Quarterly», 35 (1), marzo 2011, pp. 46-58.

vergogna, non solo non spinge a fare piú esercizio fisico, ma addirittura lo allontana come possibilità: tra coloro che subiscono questo genere di discriminazioni si riscontra una tendenza maggiore a mangiare in modo eccessivo, consumare cibi non salutari e non fare alcuna attività fisica.

Uno studio ha infatti rivelato che la percezione di essere giudicati e presi in giro per il peso (*weight-based teasing*) è significativamente associata a comportamenti alimentari disordinati, sia che le persone siano davvero in sovrappeso, sia che lo credano soltanto. Giova ripeterlo, essere oggetto di insulti e discorsi sul proprio corpo spinge a comportamenti alimentari disordinati, che possono mettere in pericolo la salute[17].

Un'altra ricerca pubblicata sul «Journal of Health Psychology» ha analizzato la relazione che c'è tra stigma del peso, autostima, motivazione all'esercizio fisico e comportamento, prendendo in esame un campione di cento studentesse universitarie con diversi indici di massa corporea (Imc da 17 a 38). L'esito dello studio ha suggerito che alle esperienze di stigmatizzazione corrisponde un aumento del desiderio di evitare l'esercizio fisico, suggerendo cosí che lo stigma del peso potrebbe potenzialmente diminuire i livelli di attività fisica[18].

La sofferenza emotiva e la sensazione di essere sbagliati non spinge a prendersi cura di sé, ma ad assumere abitudini alimentari e comportamenti non salutari. Spingere una persona a vergognarsi del proprio aspetto non ha a che vedere con l'educazione alimentare e sportiva, ma con la pedagogia nera[19].

Vergognarsi impedisce di sentire ciò che si desidera, anche in relazione al cibo e allo sport: si mangia per tristezza e per riempire un vuoto, si mangia perché tanto ormai non si ha piú niente da

[17] D. Neumark-Sztainer, N. Falkner, M. Story, C. Perry, P. J. Hannan e S. Mulert, *Weight-teasing Among Adolescents: Correlations With Weight Status and Disordered Eating Behaviors*, in «International Journal of Obesity and Related Metabolic Disorders», 26 (1), 2002, pp. 123-31.

[18] L. R. Vartanian e J. G. Shaprow, *Effects of Weight Stigma on Exercise Motivation and Behavior: A Preliminary Investigation Among College-aged Females*, in «Journal of Health Psychology», 13 (1), 2008, pp. 131-38.

[19] Si veda per questo A. Miller, *La rivolta del corpo*, Raffaello Cortina, Milano 2005.

perdere, non si pratica sport per paura del fallimento, e in questo modo ci si priva del piacere della scoperta, dell'esperienza, della novità. Quante escursioni avresti voluto fare ma alla fine non hai fatto, per paura di diventare lo zimbello del gruppo a causa del tuo corpo? Quante volte non hai ballato per lo stesso motivo?

Criticare e giudicare l'aspetto fisico di una persona non significa prendersi cura della sua salute, ma partecipare al processo sociale che le impedirà progressivamente di capire cosa desidera e come si sente davvero nel proprio corpo.

Il contesto italiano.

Il processo di auto-oggettivazione dipende moltissimo dalla proliferazione delle immagini femminili sessualizzate nei media, che in Italia è particolarmente accentuata. Secondo i risultati dell'indagine del Censis del 2006 svolta nell'ambito del progetto europeo «Women and Media in Europe», nella nostra televisione l'immagine della donna è fortemente oggettivata, le presenze femminili sono ancillari rispetto all'uomo (in genere il conduttore del programma) e gli atteggiamenti, le frasi e i gesti sessisti sono frequenti. Esattamente quanto messo in luce dal documentario di Lorella Zanardo *Il corpo delle donne*, che ebbe un effetto dirompente sull'opinione pubblica quando uscí perché mostrò, attraverso le stesse immagini televisive italiane, come le donne fossero ridotte a oggetti, «pezzi di carne» da sfruttare per attirare l'attenzione degli spettatori.

Uno studio condotto su 232 studenti iscritti ai primi anni dell'Università Vita-Salute San Raffaele di Milano, di cui 113 maschi e 119 femmine, di età compresa tra i 20 e i 23 anni, ha cercato di stabilire quanto l'esposizione alle immagini mediatiche sessualmente oggettivanti influisca sul processo dell'auto-oggettivazione e sul benessere psicofisico[20].

[20] A. Dakanalis, V. E. Di Mattei, A. Prunas, G. Riva, L. Sarno, C. Volpato e M. A. Zanetti, *Il corpo oggettivato: media, benessere psicofisico e differenze di genere*, in «Psicologia Sociale», 2, maggio-agosto 2012, pp. 261-84.

A tutti i partecipanti è stato somministrato un questionario anonimo, e per ciascuno di loro è stato calcolato un indice di esposizione alle immagini mediatiche sessualmente oggettivanti, capace di considerare sia la frequenza di esposizione sia l'intensità dell'oggettivazione sessuale delle riviste e dei programmi televisivi italiani. Per ogni partecipante sono stati calcolati due punteggi: il primo misurava la scala *sorveglianza del corpo* e il secondo la scala *vergogna*. Le donne hanno ottenuto punteggi significativamente piú elevati degli uomini sia nell'esposizione alle immagini mediatiche sessualmente oggettivanti sia nel processo psicologico di auto-oggettivazione/sorveglianza con le rispettive conseguenze.

È importante sottolineare, però, che risultati simili – sebbene con indici molto piú bassi – sono emersi anche tra gli uomini. Se nelle donne l'esposizione a riviste e programmi televisivi che trattano le persone come corpi disponibili per l'uso spinge a considerarsi allo stesso modo, cioè come degli oggetti da valutare, a vergognarsi del proprio aspetto e a cadere nei disordini alimentari, anche negli uomini italiani è presente una certa tendenza all'auto-oggettivazione e alla sorveglianza. La differenza sta, piuttosto, nell'assenza della vergogna.

In sostanza, non possiamo dire che le costruzioni sociali e gli stereotipi non abbiano un effetto anche sugli uomini, sulla percezione che hanno del proprio aspetto e sull'immaginario sessuale che si costruiscono. Ogni persona risente dei modelli oggettivanti veicolati dalle riviste e dai programmi televisivi italiani, che provocano conseguenze negative per il benessere psicofisico e per le scelte personali.

Capitolo settimo

Brutte e bellissime

Vorrei tanto essere come Cindy Crawford.
Cindy Crawford

Un giorno, quando andavo alle elementari, scoppiai in lacrime davanti ai miei genitori dicendo che ero brutta. La ragione era dovuta al fatto che nella mia classe c'era una bambina di cui tutti i miei compagni erano innamorati, e questo mi faceva sentire sbagliata. Perché nessuno mi amava, se non a causa della mia bruttezza? I miei genitori si sedettero insieme a me e fecero quello che negli anni Novanta sembrava una buona soluzione: presero la foto di classe e mi invitarono a paragonarmi alle altre compagne. Ero piú brutta di X? Ero piú brutta di Y? Ero piú brutta di Z?

Io non riuscivo a vedermi oggettivamente, l'immagine di me era confusa, sapevo solo di avere qualcosa di strano. Ero fuori misura, prima di tutto: la bambina di cui tutti si innamoravano era piccolina, aveva le mani sottili, i capelli lunghissimi e un sorriso carino. Io ero incapace di compiere qualunque sforzo di attenzione per lisciarmi i capelli, stare composta, sorridere. Avrei voluto essere piccola e minuta, carina come quella bambina, e invece mi sentivo mostruosa.

Oggi so che, ogni volta che si guarda allo specchio o che ci passa davanti di sfuggita, evitando di incontrare il proprio riflesso, mia figlia si domanda la stessa cosa. Come è sempre accaduto a me, anche per lei i codici del genere femminile sono troppo stretti, e allo stesso tempo non può non domandarsi: «Sono brutta?»

Brutta.

Per Giulia Blasi, la bruttezza è l'ultimo tabú. È per questo che le cure estetiche passano sempre di piú come un gesto di cura di sé, come qualcosa che si fa per «volersi bene»: se non sei bella secondo i canoni, devi comunque imparare a sentirti bella a modo tuo, imparare a piacerti, ad accettarti, a lasciar trasparire una certa sicurezza personale. Potresti non essere bella di natura, ma devi comunque fare in modo di non «imbruttirti» ulteriormente. Valorizza quello che hai, esalta i punti forti!

Blasi racconta che ogni mattina e ogni sera, quando si veste e quando si sveste, ogni volta che passa davanti a uno specchio o si prepara a uscire, lei si controlla la pancia, di profilo, per vedere quanto sporge: «in base a questo, decido quanto e cosa mangerò. Se sembra il sintomo di un disturbo alimentare, è perché lo è. Se invece non lo sembra, è perché questi comportamenti sono del tutto normalizzati. Tutte, tutte, tutte ci guardiamo, ogni giorno»[1].

Se nella fiaba di Biancaneve la regina Grimilde chiedeva allo specchio se fosse lei la piú bella del reame, oggi noi chiediamo allo specchio che ci mostri che siamo valide, che non siamo dei mostri, che non raccoglieremo il biasimo di chi ci guarderà durante la giornata. Lo specchio non è servo delle nostre brame, ma collettore delle nostre paure.

Questo disagio è evidente in quelle persone che considerano la cura dell'aspetto fisico non una priorità, ma un obbligo sociale, e che di conseguenza vedono la propria pancia o le proprie rughe come «un progetto non finito, una cosa cominciata mille volte e mai portata a termine perché c'è sempre qualcosa di piú interessante, di piú avvincente, che penso meriti di piú la mia fatica e il mio impegno»[2]. È questo che impedisce di vivere appieno ciò che si fa, di godere veramente di ciò che si riesce a

[1] G. Blasi, *Brutta. Storia di un corpo come tanti*, Rizzoli, Milano 2021, p. 73.
[2] *Ibid.*, pp. 79-80.

raggiungere, perché in fondo rimani una donna che non si applica abbastanza, in fondo sei pigra, anche se negli altri ambiti della vita dimostri tutt'altro.

Ottemperare al dovere della bellezza non risparmia, quindi, chi ha altri interessi, anzi alimenta il senso di colpa. Per quanto tu possa essere una scrittrice o un'attivista impegnata, guardando per caso il tuo riflesso su una vetrina o incontrando il tuo sguardo davanti allo specchio ti sentirai in colpa. Stai seguendo la tua vocazione, è vero, ma non stai facendo abbastanza per la cellulite, la pancia, le occhiaie.

Da adolescente ho amato moltissimo *La scrittrice abita qui*, il libro in cui Sandra Petrignani racconta la storia di Grazia Deledda, Colette, Virginia Woolf, Karen Blixen, Alexandra David-Néel, Marguerite Yourcenar e delle loro case. L'ho riletto qualche anno fa, scoprendo che quasi tutte loro si sottoponevano a digiuni ripetuti per non ingrassare. Com'era possibile che donne cosí geniali avessero questi pensieri? Davvero nessuna può risparmiarsi questa inutile sofferenza e seguire solo il proprio *daimon*?

È come un occhio crudele dentro di te, montato nel tuo sistema, che continua a tenerti in riga soprattutto se sei impegnata a fare altro, e riporta costantemente l'attenzione sul tuo disimpegno: «io *devo* essere critica con me stessa, io *devo* sentirmi inadatta. È stato scritto nel mio codice. È scritto nel codice di tutte. Non è un virus, non è un'anomalia, è programmazione»[3].

Se questo tocca le donne normali con corpi normali, addirittura scrittrici e scienziate, potremmo pensare che le uniche fortunate siano coloro che rappresentano l'idea di bellezza. Le modelle, le muse, le donne bellissime. È davvero cosí?

Le donne belle fanno una vita diversa?

Audrey Munson fu la prima supermodella statunitense ed ebbe un enorme successo tra la fine dell'Ottocento e l'inizio del No-

[3] *Ibid.*, p. 152.

vecento[4]. Mentre passeggiava per le strade di New York insieme alla madre, il fotografo Felix Benedict Herzog la vide e le chiese di posare nel suo studio al Lincoln Arcade Building. Munson, che desiderava essere attrice e cantante, accettò la proposta e in breve tempo diventò la musa di scultori, pittori e fotografi del tempo. Posò come modella per alcuni tra i monumenti piú famosi degli Stati Uniti: la statua dorata in cima al Manhattan Municipal Building, quella di pietra sulla New York Public Library, il Monumento nazionale dell'USS Maine a Columbus Circle. La sua immagine si ritrova in decine di opere del Metropolitan Museum of Art, della Pulitzer Fountain in Grand Army Plaza, dello Strauss Memorial e addirittura sulle monete Mercury Dime e Walking Liberty. Fu protagonista della Panama-Pacific International Exposition di San Francisco e ritratta da oltre duecento artisti. Nel 1915 recitò in *Inspiration*, il primo film non pornografico con scene di nudo integrali e nel 1916 in un altro film d'avanguardia. La sua vocazione d'attrice, però, veniva ostacolata in ogni modo dai conservatori americani, che cercavano di bloccare la circolazione di film del genere. Pur avendo questa enorme visibilità, inoltre, Audrey Munson veniva pagata pochissimo (50 centesimi di dollaro all'ora) e quasi mai nominata nelle opere che la ritraevano.

Come mai la memoria di Miss Manhattan è quasi scomparsa, nonostante ciò che aveva rappresentato per l'immaginario del tempo? A spezzare la sua carriera fu un fatto di cronaca nera: un certo Walter Wilkins aveva ucciso la moglie perché era innamorato di lei e voleva sposarla. La reputazione di Munson, sebbene fosse del tutto estranea a questa tragica vicenda, venne definitivamente distrutta. Lasciò New York e iniziò a fare la venditrice porta a porta insieme alla madre. Scrisse però alcuni articoli per il «New York American», i *Queen of the Artists' Studios*, in cui raccontò la propria storia e il modo in cui era stata trattata dalle stesse persone che avevano usato per anni la sua immagine. Scrisse, tra le altre cose: «Che fine fanno le model-

[4] E. Mascolino, *Chi era Audrey Munson, la prima supermodella americana dimenticata dalla Storia*, in «Harper's Bazaar», 14 gennaio 2022.

le degli artisti? Mi chiedo se, tra quanti mi leggono, in molti si siano trovati davanti a un capolavoro, una scultura aggraziata o il magnifico ritratto di una giovane donna, il cui abbandono di ogni orpello accentua invece che sminuire il suo pudore e la sua purezza, e si siano domandati: “Dov’è adesso, questa modella un tempo cosí bella?”»

Dopo aver tentato il suicidio varie volte, Audrey Munson venne rinchiusa in un ospedale psichiatrico prima dei quarant’anni per depressione e schizofrenia, e ci passò il resto della vita. Morí a centoquattro anni e venne sepolta in una fossa comune, del tutto dimenticata.

Ecco il ciclo di vita di una musa che per anni era stata venerata e la cui bellezza viene ancora ammirata in tutti gli Stati Uniti, senza però che nessuno ne ricordi il nome. Una vita simile a quella di tante altre donne i cui volti e i cui corpi riempiono le sale dei musei, ma di cui non conosciamo i nomi e le storie.

Il pregiudizio della bellezza.

Ho scoperto Audrey Munson grazie al memoir di Emily Ratajkowski, una delle modelle piú famose al mondo, con quasi 29 milioni di follower su Instagram. Verso *Sul mio corpo* ho provato subito una grande attrazione e anche molto sospetto: cosa aveva da dire sul proprio corpo una delle donne piú belle e desiderate al mondo? Cosa ne sapeva lei del mito della bellezza?

Al contrario, Ratajkowski mi ha permesso di guardare le cose dalla prospettiva di una persona nata con il corpo giusto per gli standard correnti, e che per questo non ha avuto una vita felice. Cosa significa, infatti, avere un corpo che cosí tante persone giudicano desiderabile e su cui vogliono avere potere?

L’adolescenza di Ratajkowski è stata segnata da messaggi contraddittori relativi allo sviluppo del suo corpo e della sua sessualità: doveva suscitare il desiderio maschile? Doveva temerlo? Doveva vergognarsene? Avrebbe dovuto assecondare gli stereotipi della bellezza, oppure dimostrare quanto fossero oppressivi?

Nel frattempo, però, si rendeva conto di «avere a disposizione una merce spendibile, qualcosa cui il mondo attribuiva grande valore»: il suo corpo[5]. Se tutte le donne sono ridotte a oggetto e merce sessuale, forse quella merce che lei aveva a disposizione poteva costituire un potere? Sarebbe stata lei, allora, a stabilire i termini di quella transazione, a scegliere di farlo, a capitalizzare la sua sensualità. Ma è davvero possibile?

Ratajkowski dice chiaramente di aver guadagnato grazie al suo corpo entro i confini di un mondo capitalistico, costruito dagli uomini, «in cui la bellezza e il sex appeal hanno valore solo perché soddisfano lo sguardo maschile». Qualunque influenza o status avesse acquisito, le erano concessi unicamente perché piaceva agli uomini: una concessione, in sostanza, un premio per essere conforme agli standard e alle logiche di mercato[6].

A vent'anni non capiva che le donne che traggono potere dalla propria bellezza devono quel potere agli uomini di cui hanno suscitato il desiderio, e che alla fine sono quegli uomini a esercitare il controllo, non loro. Non lo capiva e non poteva sostenere quel pensiero, perché avrebbe dovuto ammettere che il suo corpo, per quanto le desse denaro e fama, non era suo: era di chi lo comprava. La sua intera persona non veniva vista, ma lei era solo un oggetto da guardare[7].

Emily Ratajkowski si definisce «la prova vivente di come una donna possa emanciparsi mercificando la propria immagine e il proprio corpo», e sostiene che tutte le donne sanno cosa si prova a usare la propria sessualità per ottenere una qualche forma di sicurezza: «Gli uomini non si accorgono mai della quantità di calcoli che le donne sono costrette a fare. Credono che le cose accadano "per qualche strano motivo", mentre le donne si fanno in quattro, recitando la parte, esibendosi in balletti e acrobazie affinché le cose accadano»[8]. È ciò che Chimamanda Ngozi Adichie chiama *bottom power*, cioè il potere di ottenere le cose

[5] E. Ratajkowski, *Sul mio corpo*, Piemme, Milano 2021, p. 12.
[6] *Ibid.*, p. 13.
[7] *Ibid.*, pp. 49-50.
[8] *Ibid.*, p. 188.

dagli uomini usando la propria sessualità e sensualità. È stato l'unico modo in cui le donne, per secoli, hanno potuto esercitare il potere, dato che era impossibile detenerlo nelle proprie mani. È un potere preso in prestito, però, non davvero proprio. È per questo che Ratajkowski si chiede continuamente: «Che potere può esercitare il mio corpo? Ed è davvero un mio potere?»[9].

Se capitalizzando la propria sessualità guadagnava soldi, c'era qualcosa di sbagliato nel farlo? Faceva parte di un sistema corrotto, ma non l'aveva inventato lei quel sistema. Forse non c'era alternativa, se non decidere di sparire, diventare invisibile, cancellare gli account social e rescindere i contratti. Del resto, come fa una donna ad avere potere? Forse, in ogni caso, ci si adegua a giocare una partita decisa da qualcun altro, con regole imposte da fuori.

Un corpo come quello di Emily Ratajkowski, quindi, può diventare una trappola, e stupisce che anche lei abbia pensato, nel corso della vita, che fosse un problema: il suo corpo non poteva mai essere ininfluente, perché era sempre ingombrante e perché il suo aspetto fisico faceva di lei solo un ornamento, qualcosa di decorativo[10]. Anche lei, cosí sicura di sé nell'esibirsi e nel mostrare la propria nudità, ha sviluppato un bisogno disperato di controllo, tanto da preferire farsi male piuttosto che permettere a un altro di brandire il coltello[11].

Halle Berry una volta ha dichiarato che la bellezza non l'ha protetta dalla sofferenza, riecheggiando ciò che Euripide faceva dire a Elena nel 412 a. C.: «Nella bellezza, per tutte le donne è la felicità, mentre per me è stata proprio questa la rovina»[12].

Eppure, se una donna sostiene questo non viene presa sul serio, e la maggior parte delle persone continua a pensare che stia esagerando e che non abbia davvero niente di cui lamentarsi.

[9] *Ibid.*, p. 190.
[10] *Ibid.*, pp. 100 e 184.
[11] *Ibid.*, pp. 95-96 e 206.
[12] Euripide, *Elena*, v. 305, in Id. *Tragedie*, Mondadori, Milano 2007, vol. II, p. 495.

Un'icona di bellezza può essere felice?

È stato grazie al libro di Emily Ratajkowski che ho letto la biografia di Demi Moore, *Inside Out*. Ecco un'altra donna che avevo ignorato, pensando che non avesse niente di rilevante da dire. Del resto, anche Ratajkowski confessa di averla giudicata, prima di leggere il libro, solo una donna sexy.

Moore dice di aver fatto pace con il proprio corpo solo dopo i cinquant'anni, smettendo finalmente di affamarlo e torturarlo, di fare la guerra a se stessa usando il cibo come arma. Aveva impiegato decenni «a prendere in considerazione l'idea che potevo essere semplicemente me stessa e non la persona che, secondo i miei calcoli, gli altri volevano vedere»[13].

Anche nel suo caso, fare la modella da giovanissima le aveva permesso di essere indipendente – fattore essenziale per liberarsi da una famiglia disfunzionale –, le aveva dato orgoglio, professionalità e legittimazione. Allo stesso tempo, però, aveva schiacciato la sua autostima, rafforzando l'idea che la sua bellezza fosse il suo unico valore, la sua unica virtú[14].

Del resto, per uno dei suoi primi film, *A proposito della notte scorsa* (1986), il regista le disse: «Vorrei proprio te per questo film, ma mi devi promettere che perderai peso», scaraventandola in un gorgo di nausea, mortificazione e panico che l'avrebbe portata, negli anni successivi, a voler dominare e controllare il proprio corpo. Sebbene fosse bellissima non lo era mai abbastanza, e il valore di sé che percepiva era sempre corrispondente al suo peso, alla sua taglia e al suo aspetto[15].

Sembrerebbe incredibile, ma anche Demi Moore si è chiesta, come qualsiasi altra donna, se quella sua reazione scomposta fosse dipesa da lei e dalla sua mancanza di autostima. Dall'esterno, del resto, non sembrava cosí ferita dalla richiesta, in-

[13] D. Moore, *Inside Out*, Fabbri, Milano 2020, p. 43.
[14] *Ibid.*, p. 85.
[15] *Ibid.*, p. 117.

fatti rispose che si sarebbe impegnata a «rimediare», perché ci teneva moltissimo a recitare in quel film. Eppure, cadde in una spirale di terrore e disprezzo verso se stessa; bastava salire su una bilancia per rovinarsi l'intera giornata. Il pensiero rivolto al suo fisico era un tormento costante, arrivò persino a mettere un lucchetto al frigorifero per evitare le abbuffate nel cuore della notte. Era in guerra con il proprio corpo e sul cibo riversava tutte le emozioni negative e tutta la vergogna che provava per se stessa[16].

Una donna in apparenza in salute, felice e di successo era invece devastata dal mito della bellezza, incapace di capire come nutrirsi e in agonia alla sola idea di mostrarsi nuda agli occhi di tutto il mondo, irrigidita da un disagio quasi paralizzante.

A sole dodici settimane dal parto della sua prima figlia, Moore venne invitata a condurre una puntata del *Saturday Night Live*, e gli autori puntarono tutto sul fatto che fosse non solo tornata al peso pre-gravidanza, ma che nel giro di tre mesi avesse perso anche quattro chili in piú rispetto a prima. Nel monologo di apertura, Demi Moore aveva questa battuta: «Ho avuto una bambina dodici settimane fa, e guardatemi!» Si sentiva a disagio nel pronunciare quelle parole, ma non riusciva a opporre resistenza: «Non sapevo proprio come fare a dire: "Non ho un aspetto fantastico?" credendoci abbastanza da renderlo divertente». Aveva paura che avrebbero riso di lei. Il pensiero sul corpo interferiva e si prendeva tutto lo spazio.

Eppure, in quegli anni Moore sembrava una donna perfetta con una vita perfetta: un marito bellissimo, Bruce Willis, una popolarità globale, tantissimi soldi e tre figlie splendide. Nel 1991 era apparsa sulla copertina di «Vanity Fair» con una foto scattata da Annie Leibovitz che la ritraeva a gravidanza avanzata. Fu una copertina di rottura, perché fino a quel momento il pancione andava nascosto da abiti larghi ed era tutto fuorché simbolo di sensualità. Gli edicolanti nascondevano la rivista trovando la foto grottesca e oscena, ma per moltissime perso-

[16] *Ibid.*, pp. 117-18.

ne rappresentò una liberazione, e ancora oggi rimane una delle copertine piú famose al mondo.

Se il mondo l'ha eletta a sex symbol, credendo di averle dato tutto ciò che potesse desiderare, Demi Moore ha in realtà fatto una gran fatica a liberarsi da un'immagine iper-sessualizzata di sé, tanto che per molti produttori la sua presenza nel cast di un film doveva sempre essere associata ad almeno una scena di nudo. È quello che Moore stessa racconta a proposito di *Codice d'onore*, film del regista Aaron Sorkin, il quale rimase sconcertato dalla reazione di un produttore quando seppe che il personaggio interpretato da Moore non avrebbe avuto alcuna relazione con quello di Tom Cruise: «Be', ma se Tom e Demi non finiscono a letto, per quale motivo il personaggio di Demi è una donna?»[17].

Dopo essere stata oggetto di desiderio planetario perché giovane e fertile, Demi Moore dovette affrontare lo stigma nei confronti dell'età quando venne fuori la notizia della sua relazione con Ashton Kutcher, piú giovane di lei di quindici anni. I pettegolezzi sulla differenza di età non si fermavano, e anche in questo caso *Saturday Night Live* fu un palcoscenico decisivo. Questa volta, però, Moore riuscí a usarlo, anziché farsene usare. La puntata era condotta da Kutcher, che durante il monologo d'apertura parlò di lei e dell'amore che li univa, indicandola in mezzo al pubblico. Quando la telecamera la inquadrò, Demi Moore era truccata e vestita da novantenne. Si alzò e si avvicinò al palco con il deambulatore, e quando raggiunse Kutcher, lui disse che era ancora la donna piú bella di Hollywood. Poi si baciarono, e la sua dentiera finí nella bocca del fidanzato.

Solo negli ultimi anni, racconta Demi Moore, è riuscita a liberarsi da programmi di allenamento punitivi e dall'idea di dover letteralmente fare la fame, smettendo di misurare il suo successo sulla base di quanto sia magra: «Avevo cercato di dominare e controllare il mio corpo praticamente da quando avevo memoria;

[17] *Ibid.*, p. 163.

per molto tempo era stata l'unica cosa che avevo potuto controllare. In quel momento capii che trattenere quel peso era un modo di proteggermi. Aggiunsi un nuovo mantra alla mia preghiera quotidiana: che io possa avere il coraggio di essere vista senza imbottiture o protezioni. Non potevo continuare a combattere: dovevo fare pace con il mio corpo e con il mio peso».

Nutriamo moltissimi pregiudizi nei confronti delle donne bellissime. Ci illudiamo che per il semplice fatto di incarnare un ideale, siano anche persone felici. Ed Diener e Martin Seligman, al contrario, hanno rilevato che esiste una corrispondenza minima tra bellezza e felicità: le persone molto felici sono altamente sociali e hanno relazioni romantiche e amicali piú forti, ma non fanno piú esercizio fisico delle altre, non sono piú belle, non hanno una vita religiosa piú intensa né accadono loro fatti significativi migliori. Quello che le persone molto felici hanno di diverso è, in realtà, un sistema di emozioni funzionante che può reagire in modo appropriato agli eventi della vita. Il nostro quoziente di bellezza, quindi, non ha davvero il potere di migliorare la nostra vita, e il mito della bellezza può provocare sofferenza e infelicità in chiunque, anche in chi pensiamo sia stato baciato dalla fortuna[18].

La discriminazione della bellezza.

Non c'è quasi lavoro in cui ancora oggi l'aspetto fisico delle donne non sia rilevante. È sufficiente osservare l'età, i corpi, l'aspetto di chi occupa gli studi televisivi: sono pressoché assenti persone con disabilità, quasi tutti gli addetti ai lavori, che siano giornalisti o presentatori, sono persone bianche e cisgender; gli uomini possono essere giovani e vecchi, belli o brutti, mentre le donne hanno uno spettro di tempo e di bellezza assai piú ristretto.

[18] E. Diener e M. E. Seligman, *Very Happy People*, in «Psychological Science», 13 (1), 2002, pp. 81-84.

Una giornalista, per quanto autorevole e famosa, deve dimostrare di essere ancora giovane, ma non troppo. Deve ricorrere alla chirurgia estetica, purché non si veda. Verrà criticata se troppo rifatta o troppo sciatta, troppo alla moda e con vestiti succinti o trasandata, nel caso scegliesse di indossare sempre la stessa *mise*.

Un giornalista affermato è un individuo capace, non importa come abbia corpo, capelli, grana della pelle, mentre la maturità e l'autorevolezza di una donna – in politica, nel giornalismo, in ogni posizione di potere – non le risparmiano i commenti sul suo aspetto. Deve essere sobria, seria, morigerata. Deve indossare una divisa borghese come quella maschile, ma essere anche in grado di *sdrammatizzarla* con degli accessori e un tocco di stile personale, e se possibile mettere una gonna che mostri le gambe, le quali potrebbero essere riprese da una telecamera e quindi devono rispondere a certe misure.

Negli anni Novanta Naomi Wolf ha scritto qualcosa che è assai valido ancora oggi: «Se fosse applicato un unico standard agli uomini e alle donne nel giornalismo televisivo, la maggior parte degli uomini sarebbe disoccupata». Wolf ne parlava in relazione al licenziamento della anchorwoman Christine Craft, giudicata troppo vecchia e poco attraente dall'emittente televisiva per cui lavorava. Craft aveva dichiarato che, pur avendo rifiutato mentalmente il giudizio sulla propria bellezza, sentiva comunque, nel profondo della psiche, che nel suo viso c'era qualcosa di spiacevole, difficile da guardare, e che questo pensiero la turbava e la paralizzava[19]. Il mito della bellezza non tocca la superficie della nostra identità, ma ciò che la fonda, e dunque agisce laddove altre ragioni – per esempio la mancanza di professionalità – sono indimostrabili. Una giornalista televisiva, cosí come una politica, rimane sempre un oggetto sessuato e sostituibile.

Del resto, al termine della causa – che perse – Christine Craft ebbe grandi difficoltà a trovare un nuovo lavoro, anche a

[19] N. Wolf, *Il mito della bellezza* cit., p. 33.

causa del coraggio che aveva dimostrato ribellandosi. Ecco i rischi che corre una donna che denuncia la discriminazione della bellezza sul luogo di lavoro: essere ridicolizzata, diventare una rompiscatole.

Come donne siamo condizionate a non aspettarci promozioni e stipendi piú alti, e quindi il valore di mercato che sentiamo di avere è sensibilmente piú basso di quello che dovrebbe essere legato alle nostre competenze[20].

Quanto spendiamo?

Le donne guadagnano meno degli uomini, ma spendono piú soldi in prodotti, trattamenti e soluzioni di bellezza, anche perché il modo in cui si presentano nei luoghi pubblici influenza il modo in cui verranno trattate. Alla Northwestern University, durante il suo corso di Psicologia della bellezza, Renee Engeln chiede ogni anno a studenti e studentesse di annotare le spese che sostengono in trucchi, manicure, tagli di capelli, colpi di sole, prodotti per acconciature, visite di dermatologia estetica, cerette, lamette per il rasoio, creme depilatorie e idratanti. In media, le donne dichiarano di spendere il triplo degli uomini[21].

Oltre ai soldi spendiamo tempo, emozioni ed energie, con l'illusione di acquisire in cambio piú potere personale. Una ricerca condotta dall'Università del Maryland ha analizzato i diari del tempo di uomini e donne per valutare le differenze di genere sia nella quantità che nella qualità del tempo libero, comprese le faccende domestiche, la frammentazione e la frequenza con cui i bisogni dei bambini intervengono nelle attività dei genitori. La ricerca ha concluso che un uomo ha in media 164 ore in piú all'anno di tempo libero rispetto a una donna – cioè quattro settimane su cinquantadue –, ed è per questo che le donne

[20] Per approfondimenti, rimando a C. Criado Perez, *Invisibili*, Einaudi, Torino 2020.

[21] R. Engeln, *Beauty Mania* cit., pp. 158-59. «L'85 per cento delle spese per prodotti di bellezza viene sostenuto dalle donne»: *ibid.*, p. 162.

si sentono sempre di corsa, cercano sempre di «incastrare» gli appuntamenti e hanno sempre il senso di colpa quando non ci riescono[22].

Questa differenza di consumo in prodotti di bellezza, del resto, rappresenta un *habitus* di lunga data. Per molte donne del Medioevo, infatti, cosmetici e rimedi naturali hanno rappresentato un grande strumento di emancipazione e un modo per esprimere intelligenza e autorevolezza. È celebre, per esempio, il caso di Ildegarda di Bingen, monaca cristiana, teologa e mistica che nel XII secolo scrisse molte opere sulle proprie visioni e su una gran quantità di preparati per i malanni del corpo e dello spirito, sostenendo che le medicine che suggeriva le erano state indicate direttamente da Dio. Tra i suoi rimedi se ne trovano contro la caduta dei capelli (consigliava di cospargersi la testa con un miscuglio di grasso di orso e cenere ottenuta dal grano), contro il mal di testa dovuto alla malinconia (suggeriva un pesto di malva, salvia, olio d'oliva o aceto da stendere sulla fronte), contro la cattiva digestione (faceva mangiare un tortello di fior di farina con succo di aristolochia lunga, di pimpinella e zenzero), contro il flusso mestruale (raccomandava frizioni di acqua di sedano e sorsate di bettonica intinta nel vino)[23]. La medicina ildegardiana può apparire oggi naïf, eppure i suoi studi di botanica sono ancora degni di interesse e al tempo rappresentarono una grandissima novità.

Nel XV secolo, Caterina Sforza, signora di Imola e contessa di Forlí, si dedicava a esperimenti di alchimia e rimedi di bellezza, che raccolse nel libro *Experimenti della excellentissima signora Caterina da Forlí*[24]. All'interno del libro, oltre a ricette per far diventare i capelli biondi, profumare l'alito, rendere i denti bianchi e lucenti e rallentare la crescita dei peli, suggeriva delle tecniche e dei preparati per evitare gravidanze, aumenta-

[22] M. J. Mattingly e S. M. Blanchi, *Gender Differences in the Quantity and Quality of Free Time: The U.S. Experience*, in «Social Forces», 81 (3), 2003, pp. 999-1030.

[23] Ildegarda di Bingen, *Cause e cure delle infermità*, Sellerio, Palermo 2019.

[24] Caterina Sforza, *Ricette d'amore e di bellezza di Caterina Sforza*, a cura di E. Caruso, Il Ponte Vecchio, Cesena 2009.

re il piacere sessuale femminile, fingere di essere vergini o aiutare la libido dei partner maschili. Queste ricette erano spesso scritte censurando alcuni termini, usando perifrasi o un latino maccheronico, in modo che l'occhio distratto non si accorgesse del reale oggetto del discorso.

In tempi moderni, molte fondatrici di case cosmetiche – come Helena Rubinstein – hanno dato lavoro a moltissime donne, creando dei rituali e dei luoghi di incontro (i saloni di bellezza) che la società di massa non offriva e che rappresentavano un modo di uscire dall'isolamento casalingo. Allo stesso tempo, però, la frase piú famosa di Rubinstein recita: «non esistono donne brutte, solo donne pigre». Ancora una volta, la bellezza diventava un valore morale, e un segno di potere e di capacità d'azione, senza che fossero messi in dubbio i meccanismi sociali. Del resto, se le donne usavano l'industria della bellezza come ascensore sociale – dato che si trattava di uno dei pochi settori in cui poter lavorare e addirittura fare impresa –, per riuscirci dovevano riconfermare i modelli di comportamento considerati femminili, anche nelle strategie di marketing. Le venditrici porta a porta di Avon, la ditta di cosmetici fondata nel 1886, per esempio, usavano «la conversazione, le visite a domicilio, il tono colloquiale e amichevole non di rado appreso dai periodici, l'intimità dei segreti di bellezza e addirittura la solidarietà come pratica religiosa»[25].

Nel romanzo *Gli elefanti hanno buona memoria*, Agatha Christie scrive: «La signora Oliver entrò da "Williams & Barnet", una farmacia che vendeva anche cosmetici. Si soffermò davanti a un espositore che conteneva vari rimedi contro i calli, indugiò ancora nei pressi di una vera montagna di spugne artificiali, poi si avviò lentamente verso il banco dei medicinali e lo superò, oltrepassò anche il banco dei cosmetici di Elizabeth Arden, Helena Rubinstein, Max Factor e altri benefattori del sesso debole»[26]. L'industria della bellezza era benefattrice delle donne perché offriva loro una maschera necessaria ad affrontare il mondo, e

[25] R. Ghigi, *Per piacere. Storia culturale della chirurgia estetica*, il Mulino, Bologna 2008, p. 44.

[26] A. Christie, *Gli elefanti hanno buona memoria*, Mondadori, Milano 2016, p. 157.

nel 1972 una scrittrice vulcanica e rivoluzionaria come Christie considerava ancora il suo genere «il sesso debole».

Non si tratta naturalmente di demonizzare tutto, ma di guardarne la complessità. Il punto, qui, è il fatto che le donne guadagnano meno degli uomini (*gender pay gap*) e spendono di piú in prodotti che non sono di prima necessità. Li usiamo per renderci «presentabili», per non sembrare stanche anche quando lo siamo davvero, per alleviare il peso e il giudizio verso il nostro genere. Moltissime di noi non riescono a uscire di casa senza trucco, e in media le donne americane impiegano cinquantacinque minuti al giorno per prepararsi, ovvero due settimane all'anno. In quest'ottica, trucco e parrucco non sono strumenti di cura di sé, ma un obbligo culturale.

È molto difficile, dunque, distinguere ciò che usiamo perché ci piace e perché lo vogliamo da ciò che ci sentiamo in obbligo di comprare. L'industria cosmetica lo sa bene, quindi moltiplica le offerte e rende sempre piú specifico l'uso di ogni crema, sebbene spesso a cambiare siano solo nome del prodotto e packaging. Il paradosso è che prodotti davvero necessari come gli assorbenti vengano tassati, in Italia, come prodotti di lusso.

L'oggettivazione e l'auto-oggettivazione, del resto, portano a frammentare i corpi in porzioni sempre piú piccole e isolate, moltiplicando i trattamenti possibili e ciò a cui si può porre attenzione. L'industria della bellezza produce sempre nuove soluzioni a problemi che non sapevamo di avere. Basti pensare a quante persone oggi si sottopongono al tatuaggio delle sopracciglia, un mercato nato per offrire una soluzione a un problema che la stessa industria della bellezza ha creato: quando andavano di moda le sopracciglia sottilissime, infatti, milioni di persone le hanno strappate via con le pinzette fino a non farle ricrescere piú, e quando la moda è passata è stato necessario usare sempre nuovi trucchi per disegnarle ogni mattina. Il tatuaggio rappresenta allora una soluzione pratica per non doverle truccare continuamente. Sono sempre piú diffusi, tra l'altro, i sieri per l'allungamento delle ciglia che contengono prostaglandine, utili per curare le infiammazioni e l'ipertensione oculare, ma pericolose se usate come cosmetici (il bimatoprost, per esempio, può alterare il colore dell'iride).

Si tratta di una produzione costante e capillare che fa leva sulla curiosità e sul bisogno di migliorarsi, e che fa apparire ogni novità come essenziale[27].

Medicina e chirurgia estetica.

Non si può parlare di bellezza senza parlare di medicina e chirurgia estetica e plastica. Si tratta di una storia affascinante, iniziata nel Cinquecento con la diffusione dei primi interventi di rinoplastica sugli uomini, visto che a quei tempi la perdita del naso era piú frequente di quanto pensiamo: poteva succedere in battaglia, a seguito di un duello all'arma bianca, come punizione per atti di sodomia, come segno di oltraggio politico o in conseguenza della sifilide[28].

A praticare queste operazioni erano medici-barbieri che si formavano lontano da università e scuole di medicina, dato che la Chiesa denigrava le pratiche di manipolazione dei corpi e già nel 1131 il Concilio di Reims aveva proibito l'insegnamento dell'arte medica e chirurgica.

Fu sempre la società borghese, però, a sistematizzare, moltiplicare e migliorare queste tecniche, come la plastica del labbro leporino, la blefaroplastica, l'addominoplastica, l'otoplastica. Talvolta con risultati iniziali dannosi, come nel caso della liposuzione che nel 1926 costò una gamba a Mademoiselle Suzanne Geoffre: per un errore, il professor Dujarier, anziché rimuovere il grasso, le tagliò una parte della massa muscolare del polpaccio[29].

Fu allora che divenne sempre piú difficile tracciare il confine tra necessità e vanità, tra le operazioni a cui ci si sottoponeva per migliorare la funzionalità fisica del corpo e quelle che ave-

[27] Per approfondimenti, consiglio B. Mautino, *Il trucco c'è e si vede*, Chiarelettere, Milano 2018 e Id. *La scienza nascosta dei cosmetici*, Chiarelettere, Milano 2020.

[28] R. Ghigi, *Per piacere* cit., pp. 13-16.

[29] *Ibid.*, p. 85.

vano come scopo solo il miglioramento dell'aspetto estetico. Del resto, il confine è impossibile da tracciare in senso assoluto e non si può dire neppure che sia una questione soggettiva: «Un intervento che oggi verrebbe fatto rientrare nel campo della medicina perché ritenuto determinante per la piena salute psicofisica del soggetto, in tutta probabilità sarebbe stato concepito da Gaspare Tagliacozzi come un frivolo atto chirurgico finalizzato soltanto al "dilettar gli occhi", alla *spuria pulchritudo*, alla bellezza effimera e falsa»[30].

Non si può ignorare, secondo Rossella Ghigi, che la bruttezza nel corso dei secoli sia stata in qualche modo patologizzata dalla classe medica e che la storia della chirurgia plastica sia connaturata all'idea di poter cancellare tratti potenzialmente stigmatizzanti: è per questa ragione, probabilmente, che in Corea del Sud, il paese con il piú alto numero al mondo di interventi di chirurgia plastica, è cosí diffusa, come abbiamo già accennato, l'operazione per ottenere la doppia palpebra, cioè l'occhio all'occidentale. Secondo un rapporto della International Society of Aesthetic Plastic Surgery, nel 2017 piú di 1,3 milioni di persone si erano già sottoposte a questo intervento, ma negli ultimi anni i numeri sono di gran lunga aumentati.

A questo intervento si è sottoposta negli anni Novanta anche la conduttrice televisiva Julie Chen, la quale si sarebbe decisa a farlo non proprio per sua scelta, ma in seguito alle «raccomandazioni» di un agente e del direttore di un telegiornale quando lavorava in Ohio. Secondo la loro opinione, infatti, poteva anche dire addio a una carriera da conduttrice di notizie di punta se non avesse modificato il suo aspetto, perché la forma dei suoi occhi dava l'idea che fosse poco interessata a ciò che diceva: «Non ce la farai mai su questa scrivania perché sei cinese... Il nostro pubblico non può relazionarsi con te perché non sei come loro». Alla fine, Chen scelse di sottoporsi alla blefaroplastica e non ne parlò per quindici anni, finché non decise di rivelarlo a *The Talk* e a «Glamour», confessando che sotto la

[30] *Ibid.*, p. 32.

decisione di sottoporsi all'intervento c'era stato un particolare episodio di razzismo[31].

Si tratta dunque di un tema scivoloso e complesso, in cui è difficile distinguere tra controllo dei corpi, sguardo razzista, scelte personali e società di mercato, e sarebbe semplicistico stabilire a priori a cosa sia giusto o no sottoporsi. Assistiamo ancora al giudizio nei confronti delle donne che *esagerano* con la chirurgia estetica *rovinando* la propria bellezza *naturale*. Anche questa, però, è un'idea fittizia e mutevole, dato che nel corso del tempo «è stato via via spostato il confine tra ciò che viene definito naturale e ciò che non lo è»[32].

I dati, però, possono aiutarci a riflettere: secondo la geografa Joni Seager, il 92 per cento dei 17,1 milioni di interventi effettuati nel 2016 aveva come paziente una donna, e su scala globale tra l'85 e il 90 per cento di operazioni estetiche riguarda una donna. Inoltre, la soglia dell'età di chi si sottopone agli interventi si abbassa continuamente[33].

Nel 2019 in Italia sono state effettuate circa 1 088 704 pratiche di medicina o chirurgia estetica, con un aumento del 7,8 per cento rispetto all'anno precedente (nel 2018 erano 1 009 200), a conferma di un trend di crescita del settore, costante da circa cinque anni[34]. La pandemia, da questo punto di vista, ha rappresentato un'impennata ulteriore: nel 2021, le richieste sono aumentate del 67 per cento rispetto al 2019 e del 130 per cento rispetto al 2020, e nei primi sei mesi del 2021 la sola richiesta di ritocchi al viso ha registrato un aumento del 50 per cento rispetto al 2020 e del 70 per cento rispetto al 2019[35].

Sia Angela Maria Avino di Dottori.it, sito specializzato nella prenotazione di visite e prestazioni mediche specialisti-

[31] J. Chen, *Exclusive: Why The Talk's Julie Chen Has No Regrets About Her Cosmetic Surgery*, in «Glamour», 20 settembre 2016.

[32] R. Ghigi, *Per piacere* cit., p. 46.

[33] Dati tratti da J. Seager, *Atlante delle donne*, add editore, Torino 2020.

[34] Dati dell'Osservatorio Aicpe, Associazione italiana chirurgia plastica ed estetica, 31 gennaio 2021.

[35] *Chirurgia plastica, l'esperto: «A Natale il "ritocchino" è tra i regali piú desiderati»*, in «la Repubblica Napoli», 14 dicembre 2021.

che, sia Salvatore Piero Fundarò dell'Associazione italiana terapia estetica botulino (Aiteb), sostengono che già nel 2020 gli interventi erano aumentati del 20 per cento[36]. Nel periodo compreso tra maggio 2020 e maggio 2021, i trattamenti per il corpo piú cercati sono stati la liposuzione delle gambe (+31 per cento) e la mastoplastica riduttiva (+29 per cento). Molto richiesti anche la liposuzione della pancia (+26 per cento), la mastoplastica additiva (+23 per cento) e l'addominoplastica (+16 per cento).

Sono aumentati soprattutto i trattamenti mininvasivi di medicina estetica al viso, come peeling, laser, biorivitalizzazione senza aghi, filler e botulino, che oggi vengono fatti a qualunque età. Sono in crescita, però, anche le operazioni come blefaroplastica, minilifting, rinoplastiche, otoplastiche. Secondo il professor Francesco D'Andrea, direttore del dipartimento di Chirurgia plastica ed estetica del Policlinico Federico II di Napoli, gli interventi sono in costante crescita da anni perché «alla bellezza non si rinuncia, oggi ancor di piú di ieri. La bellezza è diventata un bene primario legato alla qualità della vita»[37].

In particolare, stando alla Società italiana di chirurgia plastica, ricostruttiva ed estetica (Sicpre), negli ultimi anni sono cresciuti del 15 per cento gli interventi al viso che riguardano uomini e donne anche al di sotto dei trent'anni. Secondo la Società italiana di Medicina estetica, poco meno della metà dei teenager italiani ricorrerebbe alla chirurgia estetica per migliorare l'aspetto del proprio volto, e questo sarebbe dovuto all'uso degli smartphone e al desiderio di avere dei selfie perfetti senza dover ricorrere ai filtri delle applicazioni.

Al di là delle possibili generalizzazioni, già dall'estate del 2020 si è assistito a un aumento di ritocchi estetici legati al viso, dovuto probabilmente al fatto che le videocall e l'esibizione del proprio volto nel mondo digitale hanno portato a osserva-

[36] S. Cagnazzo, *Chirurgia plastica ed estetica: in un anno +20% di prenotazioni di trattamenti*, in «la Repubblica», 3 giugno 2021.

[37] *Chirurgia estetica, Natale 2021 all'insegna dei ritocchini: «Quelli dell'ultimo minuto tra i regali piú desiderati»*, in «Il Mattino», 13 dicembre 2021.

re e disprezzare una serie di «difetti» che prima non saltavano all'occhio, anche tra le persone piú giovani[38].

Il mito sugli uomini.

Gli uomini vivono in un mondo che apprezza piú ciò che sanno fare che come si presentano. Questo non ha solo un effetto sul modo in cui si viene percepiti dal mondo, ma anche sul modo in cui ci si percepisce. Ecco perché cosí tante donne dedicano moltissimo tempo a decidere cosa indosseranno il primo giorno di scuola, il primo giorno di lavoro, a un evento pubblico, al proprio matrimonio o a quello di chiunque altro.

Ciononostante, gli esperimenti sulla teoria dell'oggettivazione mostrano un incremento di modelli maschili oggettivanti e di effetti nefasti sulla percezione che gli uomini hanno del proprio aspetto[39]. Sta accadendo tutto molto in fretta: nel giro di pochi anni, l'industria della bellezza ha iniziato a indurre sempre nuovi bisogni, rendendo anche il corpo maschile oggetto di indagine e di sapere[40].

Nel 2004, Hebl, King e Lin hanno ripetuto il paradigma del «costume da bagno», riscontrando degli effetti significativi anche sugli uomini. Secondo le autrici, sarebbe in corso un cambiamento nella manipolazione dell'auto-oggettivazione anche negli uomini. In meno di trent'anni, stando ad alcune ricerche statunitensi, la percentuale di uomini che sperimentano insod-

[38] *Chirurgia plastica, anche in Italia spopolano gli interventi «da selfie»*, in «Corriere.it», 25 luglio 2020.

[39] R. Ricciardelli, K. A. Clow e P. White, *Investigating Hegemonic Masculinity: Portrayals of Masculinity in Men's Lifestyle Magazines*, in «Sex Roles», 63 (1-2), 2010, pp. 64-78. D. A. Rohlinger, *Eroticizing Men: Cultural Influences on Advertising and Male Objectification*, in «Sex Roles», 46, 2002, pp. 61-74. M. J. Thompson, *Gender in Magazine Advertising: Skin Sells Best*, in «Clothing and Textiles Research Journal», 18, 2000, pp. 178-81. R. H. Kolbe e P. J. Albanese, *Man to Man: A Content Analysis of Sole-male Images in Male-audience Magazines*, in «Journal of Advertising», 35, 1996, pp. 1-20.

[40] P. J. Johnson, D. R. McCreary e J. S. Mills, *Effects of Exposure to Objectified Male and Female Media Images on Men's Psychological Well-being*, in «Psychology of Men & Masculinity», 8 (2), 2007, pp. 95-102.

disfazione per il proprio corpo è triplicata a causa di messaggi pubblicitari che sottolineano la forza fisica e la dominanza sessuale[41]. L'uomo non deve essere magro, ma forte, muscoloso, agile, virile.

I corpi maschili rappresentati dai media sono aumentati di volume nel corso degli anni (dal 1950 al 1990) e la massa muscolare dei modelli è in costante incremento[42]. Non a caso è in crescita il fenomeno della *reverse anorexia* o complesso di Adone, un disturbo alimentare che porta a sentirsi troppo esili e spinge ossessivamente a irrobustire la massa muscolare, con l'esercizio fisico compulsivo, l'uso di sostanze dopanti e il controllo eccessivo dell'alimentazione[43].

Anche i peli maschili vengono progressivamente stigmatizzati da riviste, giornali e dalle stesse pubblicità, che di conseguenza propongono delle soluzioni: prodotti specifici, cerette, trattamenti in cabina. Il 10 ottobre 2020, per esempio, sul sito di Nivea è andato online un articolo sugli uomini pelosi in cui si leggeva, tra le altre cose: «Nel ventunesimo secolo lasciar crescere i peli dell'uomo nelle zone in cui normalmente crescono non è solo fuori moda, è anche abbastanza assurdo. I gusti sono cambiati e i modelli di virilità moderni – che siano i calciatori, le popstar o le pornostar – sono diventati gli uomini con la pelle liscia». E si suggeriva che sarebbe stato meglio togliere subito i peli dalla schiena, perché «non verranno mai accettati nemmeno in futuro».

Lo scopo, ovviamente, era spingere all'acquisto di prodotti per la depilazione usando un approccio di marketing basato sul

[41] R. Olivardia, H. G. Pope jr., J. J. Borowiecki III e G. H. Cohane, *Biceps and Body Image: The Relationship Between Muscularity and Self-Esteem, Depression, and Eating Disorder Symptoms*, in ivi, 5 (2), 2004, pp. 112-20.

[42] B. L. Spitzer, K. A. Henderson e M. T. Zivian, *Gender Differences in Population Versus Media Body Sizes: A Comparison Over Four Decades*, in «Sex Roles», 40, 1999, pp. 545-65.

[43] G. Cafri, J. K. Thompson, L. A. Riciardelli, M. P. McCabe, L. Smolak e C. Yeselis, *Pursuit of the Muscular Ideal: Physical and Psychological Consequences and Putative Risk Factors*, in «Clinical Psychology Review», 25, 2005, pp. 215-39; H. G. Pope, D. L. Katz e J. I. Hudson, *Anorexia Nervosa and Reverse Anorexia Among 108 Bodybuilders*, in «Journal of Comprehensive Psychiatry», 34, 1993, pp. 406-9.

senso di inadeguatezza. Un sistema del tutto simile a quello rivolto alle donne per decenni, al fine di cambiare l'immaginario: se fino a oggi i peli maschili sono stati associati alla virilità, da ora in avanti l'uomo virile e civilizzato è un uomo con la pelle liscia e glabra. L'articolo è stato oggetto di forti critiche sui social e rimosso poche ore dopo, ma si è trattato di un segnale chiaro che, purtroppo, non è rimasto isolato.

Gli studi sull'auto-oggettivazione continuano a dimostrare che il senso di inadeguatezza nei confronti della bellezza non è un'esclusiva della natura femminile, ma è un prodotto culturale; se gli uomini, nei prossimi anni, verranno sottoposti agli stessi discorsi, riscontreremo anche in loro effetti negativi del tutto simili. Sta già accadendo.

E la ragione alla base di queste iniziative è, purtroppo, solo quella di creare nuovi bisogni e immettere nel mercato nuovi prodotti per accrescere il fatturato del settore della bellezza, a cui gli uomini hanno guardato finora con poco interesse. L'invito, anche nei loro confronti, è sempre lo stesso: sentirsi in colpa per il proprio corpo e trasformarlo al solo scopo di compiacere lo sguardo giudicante delle donne.

Capitolo ottavo
L'enigma della bellezza

Quaggiú la bellezza è la sola finalità.
Simone Weil

Non possiamo non domandarci, a questo punto, se esista davvero ciò che chiamiamo bellezza. C'è qualcosa o qualcuno che sia oggettivamente bello? Esistono una bellezza vera e una falsa? Il sentimento della bellezza che ci capita di provare come esseri umani è autentico o è solo il nome che diamo a una sensazione passeggera?

Quando si parla di mito della bellezza, talvolta si propone di non usare piú il termine «bellezza», perché troppo legato a stereotipi e giudizi. Diamo un altro nome a ciò che proviamo – si sostiene –, non domandiamoci piú cosa sia la bellezza, perché sarebbe impossibile distinguerla dal mito.

Io credo, al contrario, che mai come oggi sia importante recuperare l'enigma della bellezza che ha accompagnato tutta la storia della filosofia. Dovremmo riappropriarcene, cercando di adottare uno sguardo libero, per distinguere la bellezza dal giudizio sui corpi, dai criteri e dalle misure da rispettare, dalla sensazione di avere addosso uno sguardo censorio.

La riflessione filosofica sulla bellezza, in fondo, è sempre stata un tentativo di cogliere e spiegare una sensazione, di dire attraverso le parole l'intensità e le emozioni che una situazione, un oggetto, una persona ci trasmettono. Questa intensità non è quasi mai un valore assoluto, ma è sempre un'occasione di scoperta di sé e della propria identità.

L'estetica, infatti, è propriamente la scienza delle sensazioni (viene dal greco *aisthesis*, che significa «sensazione»), cioè ha a che fare con ciò che sentiamo attraverso i sensi. Non si tratta quindi di giudicare, ma di sentire. Domandarci cosa percepiamo come bello significa, in altre parole, cercare di capire chi siamo, cosa ci tocca, cosa ci emoziona. La bellezza ci colpisce, ci ricorda che stiamo al mondo e che il mondo può stupirci e meravigliarci, e può lasciarci senza parole.

Iniziamo quindi a rivendicare questa parola, a dire ciò che ci appassiona, che ci provoca desiderio, che ci attrae, checché ne dica il mondo. Abbandoniamo l'idea che ci siano un solo canone e un solo modo della bellezza.

Esiste un consenso sulla bellezza?

Secondo Umberto Eco, la bellezza – delle persone, della natura ma anche di Dio, dei santi e delle idee – non è mai stata qualcosa di assoluto e immutabile, ma ha assunto volti diversi a seconda del periodo storico e del paese[1]. Sant'Agostino scriveva: «Non appare forse a chiunque abbia integri sensi questa bellezza? Perché dunque non parla a tutti nello stesso modo?»[2]. È famoso il frammento di Senofane, nel quale il filosofo diceva: «Ma se i buoi, i cavalli, i leoni avessero le mani, o potessero disegnare e costruire monumenti alla maniera degli uomini, i cavalli disegnerebbero gli dèi come cavalli e i buoi come buoi e raffigurerebbero i loro corpi simili al proprio»[3].

Ciò non esclude, in ogni caso, che possa esserci un consenso su ciò che appare attraente: secondo uno studio recente, infatti, la valutazione sulla bellezza mostra un accordo altissimo sia tra persone della stessa cultura, sia tra persone di culture differenti, senza distinzioni di genere ed età. In quanto esseri umani, siamo portati a giudicare attraenti certe persone e non altre in modo quasi identico[4]. Se è importante sottolineare che gli

[1] U. Eco, *Storia della Bellezza*, Bompiani, Milano 2004, p. 14.

[2] Agostino, *Confessioni*, 10, 6, 10, Mondadori, Milano 1996, vol. IV, p. 19.

[3] H. Diels e W. Kranz, *I Presocratici. Testimonianze e frammenti*, 21b 15, 21b 16, Laterza, Roma-Bari 1990, vol. I, p. 172.

[4] J. H. Langlois, L. Kalakanis, A. J. Rubenstein, A. Larson, M. Hallam e M. Smoot, *Maxims or Myths of Beauty? A Meta-analytic and Theoretical Review*, in «Psychological Bulletin», 126 (3), 2000, p. 390.

standard sono culturali, quindi, non possiamo ignorare che ci sia anche una componente biologica, cosí come esiste un accordo sull'avvenenza fisica e sul riconoscimento di un viso bello, che stimola la produzione di dopamina in chi lo osserva[5]. Ci sono alcune caratteristiche della bellezza che consideriamo sintomi di salute – anche se potrebbe non essere cosí – e giudichiamo belli i segni della giovinezza, il fisico a clessidra nelle donne, la pelle luminosa. Il riconoscimento della bellezza altrui è immediato e automatico, ed è anche la ragione per cui possiamo provare imbarazzo quando il volto o il corpo di una persona ci appare bello e non riusciamo a non guardarlo. La difficoltà sta dunque nell'individuare dove i meccanismi evolutivi e sociali rilevanti si intersechino e dove no: si possono separare istinto e cultura?

Secondo l'antropologo Philippe Descola, è stato l'Occidente moderno a creare una contrapposizione tra natura e cultura, a produrre un'infinita letteratura sul tema, a domandarsi secondo quale criterio distinguere ciò che è naturale da ciò che è sovrastruttura culturale[6]. Per Descola, al contrario, dovremmo abbandonare l'idea della contrapposizione. Del resto, il termine natura indica semplicemente il participio passato del latino *nasci*, cioè nascere: è naturale tutto ciò che è nato, che è emerso, che si è reso visibile. Dunque, anche ciò a cui noi stessi diamo vita, lo sguardo che abbiamo sulle cose, sul mondo e sulle persone.

In questo senso, è utile concentrarsi su ciò che questo tempo giudica bello e osservare quali effetti produce. Per Naomi Wolf: «le qualità che un certo periodo definisce come tratti di bellezza nelle donne sono solamente simboli del comportamento femminile che quel periodo considera desiderabili: in realtà il mito della bellezza prescrive sempre un comportamento piú che un aspetto esteriore»[7].

E oggi, in effetti, bello è ciò che non dà fastidio, che è piacevole, che rientra negli standard. È un ideale apollineo, misura-

[5] J. H. Langlois, L. Kalakanis, A. J. Rubenstein, A. Larson, M. Hallam e M. Smoot, *Maxims or Myths of Beauty?* cit., p. 390

[6] P. Descola, *Oltre natura e cultura*, Raffaello Cortina, Milano 2021.

[7] N. Wolf, *Il mito della bellezza* cit., p. 7.

bile, controllabile, monetizzabile. La tua bellezza è un capitale, devi averne il controllo, esserne consapevole, pensare a come accumularne di piú. Ecco perché, se le tue forme non sono negli standard, ti viene ricordato che non stai facendo abbastanza per accrescere il tuo gruzzoletto.

Del resto, i social e la pubblicità ci mostrano ogni giorno una quantità di volti belli che prima nessun essere umano avrebbe mai visto nel corso di tutta una vita, e questo dipende anche dalla grande disponibilità di modifiche e manipolazioni a cui possiamo ricorrere. Il che, se da un lato ci rende ipersensibili alla bellezza, dall'altro ci fa sentire in colpa se non raggiungiamo lo standard.

I social e gli standard di bellezza.

Se fino a qualche anno fa la sensazione di essere sotto lo sguardo costante delle altre persone ci toccava quando uscivamo di casa o entravamo in un luogo estraneo, oggi il nostro corpo è diventato oggetto di sapere di chiunque grazie alla diffusione dei social network. La vita digitale ha cambiato il rapporto con l'esibizione di sé. Inoltre il lavoro e l'apprendimento a distanza, che si praticano soprattutto attraverso le videoconferenze, hanno incrementato l'attenzione verso il proprio volto: siamo costretti a sapere sempre come appariamo in camera. La nostra faccia ci insegue sull'immagine del profilo, nelle foto in cui veniamo taggati (e in cui veniamo sempre malissimo), nelle ricerche su Google. Ovunque ritroviamo la nostra faccia, osserviamo quanto siamo invecchiati rispetto a qualche anno fa, come appaiono disarmoniche le nostre sopracciglia, quanto è storta la linea della bocca. Se Vitangelo Moscarda, il protagonista di *Uno, nessuno e centomila*, impazzí quando si accorse di avere il naso storto, è facile capire perché tutto questo incrini cosí profondamente la nostra salute mentale.

È impossibile quantificare il numero di foto che vengono condivise in rete ogni giorno, ma si stima che solo su Instagram siano piú di cento milioni. Nessun essere umano vissuto prima di questa epoca è stato sottoposto a una simile sovrabbondanza di stimoli. È chiaro, quindi, che l'esposizione all'enorme quantità di immagini sui social sta avendo un effetto sulla nostra identità personale, sull'autostima, sull'ansia da confronto (*comparanoia*) e sulla salute mentale.

A subirne le conseguenze non è solo chi non risponde agli standard di bellezza, ma, come abbiamo visto, pressoché tutti. E gli effetti non ricadono soltanto tra coloro che pubblicano foto di sé, ma anche tra quanti si limitano a sbirciare quelle altrui. Quando guardiamo un'immagine su Instagram, è difficile non esprimere giudizi di valore sulla persona, sul modo in cui ha scelto di rappresentarsi, sul fatto che sia piú o meno bella di noi. È importante non negare questi giudizi e non colpevolizzarsi: è lo sguardo con cui guardiamo le cose che ci porta a esprimerli.

I social peggiorano l'umore.

Le ricerche che indagano le ricadute dei social network sull'umore e l'immagine di sé sono ormai continue. Alcuni ricercatori, per esempio, hanno studiato sperimentalmente gli effetti che ha l'uso dei social network sull'umore e sull'immagine corporea delle donne, paragonandoli a quelli che derivano dalla fruizione di una rivista di moda online. Le partecipanti sono state assegnate in modo casuale a tre gruppi: uno avrebbe dovuto trascorrere dieci minuti navigando sui social, uno sul sito di una rivista e l'ultimo, cioè il gruppo di controllo, su un sito di hobbystica. Il risultato ha dato un esito prevedibile: le donne che hanno trascorso il tempo sui social hanno riferito di avere un umore piú negativo rispetto alle altre[8].

Secondo un altro studio, sia per le donne che per gli uomini l'uso prolungato dei social network spingerebbe a una coscienza cor-

[8] J. Fardouly, P. C. Diedrichs, L. R. Vartanian e E. Halliwell, *Social Comparisons on Social Media: The Impact of Facebook on Young Women's Body Image Concerns and Mood*, in «Body Image», 13, 2015, pp. 38-45.

porea oggettivata, che a sua volta stimola una maggiore vergogna verso il proprio fisico e una minore assertività sessuale. Il legame tra la coscienza corporea oggettivata e la vergogna del corpo è di maggiore entità per le donne, ma nessuna differenza di genere è stata riscontrata nell'associazione tra vergogna del corpo e assertività sessuale. Stando a questa ricerca, i social media favorirebbero quindi una maggiore esperienza di sé dal punto di vista di un osservatore esterno, con conseguenze sull'immagine del corpo e sull'assertività sessuale sia tra le donne che tra gli uomini[9].

Per combattere l'inautenticità, la finzione e la positività tossica da social network, accade sempre piú spesso che attrici, modelle e influencer scelgano di mostrarsi per come sono davvero, denunciando canoni troppo limitanti e pubblicando nel tempo selfie senza filtri, foto in cui appaiono con l'acne o scattate in un momento di disperazione e infelicità, mostrando che si tratta di fatti normali che non vanno nascosti. Ma è sufficiente?

Secondo Jia Tolentino, queste forme di ribellione sono in realtà addomesticate, non mettono minimamente in crisi le strutture e anzi foraggiano i social, perché creano *engagement*: «La resistenza a un sistema si presenta alle condizioni del sistema»[10]. Per l'autrice canadese, infatti, la tecnologia ci ha reso meno oppositivi e ha massimizzato la nostra capacità come beni di mercato, senza toccare le questioni scottanti di diseguaglianza sociale: la medicina di genere, il salario minimo, la mancanza di assistenza all'infanzia e la rappresentanza politica, tutti temi urgenti per la condizione femminile ma poco *instagrammabili*.

Del resto, capita ogni giorno che le donne che si mostrano sui social chiedano scusa per i capelli spettinati, le occhiaie, la faccia stanca, lo smalto sbeccato, il gonfiore, perché sono struccate o in pigiama. Si chiede scusa per l'immagine non proprio decorosa di sé, perché il pensiero sul grasso, sul corpo, sui pori dilatati, sulla piega dei capelli è un pensiero fisso, non passa,

[9] A. M. Manago, L. M. Ward, K. M. Lemm, L. Reed e R. Seabrook, *Facebook Involvement, Objectified Body Consciousness, Body Shame, and Sexual Assertiveness in College Women and Men*, in «Sex Roles», 72 (1-2), 2015, pp. 1-14.

[10] J. Tolentino, *Trick Mirror* cit.

non si cancella. Si mettono le mani avanti, oppure si usano dei filtri che svolgono piú o meno la funzione del belletto. I filtri ci permettono di camuffare stanchezza, occhiaie e rughe, al caro prezzo però di sentirci sempre inautentiche.

Viviamo un'ansia che prima era riservata alle celebrità. Sappiamo di essere visti, osservati, spiati anche solo da ex fidanzati, ex compagni di scuola o conoscenti a cui siamo antipatici. Ci sentiamo sotto esame, perché in effetti lo siamo, e anche quando ci sottraiamo ai trend dei social non siamo in realtà immuni dai loro effetti.

Nella primavera del 2020, per esempio, venne lanciata la Pillow Challenge, cioè la «sfida del cuscino»: bisognava posizionare un cuscino in verticale davanti al proprio corpo, senza indossare nient'altro, e legarlo con una cintura. Lo scopo era dimostrare che si poteva essere eleganti e sexy anche in una *mise* cosí ridicola, per esorcizzare la reclusione forzata causata dalla pandemia. Ho osservato una grande quantità di foto del genere in modo distratto e con poco interesse, ma non posso negare che, piú foto di quel tipo mi passavano sotto gli occhi, piú diventava pressante un pensiero: anche se avessi voluto partecipare a quel gioco non avrei potuto, perché il mio girovita era troppo largo, il cuscino non mi avrebbe coperta. Sono sicura che come me lo avranno pensato moltissime altre persone.

Le tecniche del corpo.

Oggi ci comportiamo come se fossimo sempre davanti all'obiettivo. Un cambiamento culturale molto visibile in bambine e bambini, che sollecitiamo a guardare in camera, fare video buffi, salutare i nonni lontani in videochiamata, cambiare i connotati con i filtri divertenti. Dire che sia tutto negativo e che sarebbe meglio tornare al passato è, oltre che impossibile, anche piuttosto ingeneroso verso le numerose possibilità che i dispositivi digitali ci mettono a disposizione. Eppure non possiamo ignorare ciò che ci sta accadendo.

Il modo in cui ci muoviamo, camminiamo e ci mettiamo in posa per le foto, infatti, non è naturale, ma condizionato dalla società in cui ci troviamo. Cercate di ricordare, per esempio, tutte le volte che avete visto qualcuno tenere la mano sul fianco e piegare il gomito in avanti mentre posava per una foto. È la cosiddetta tecnica dello *skinny arm*, cioè del «braccio magro», perché in quella posizione si appare piú magri.

Si tratta di una *tecnica del corpo*, secondo la nozione elaborata negli anni Trenta dall'antropologo francese Marcell Mauss, cioè della natura sociale dell'*habitus*, di qualcosa di acquisito e non naturale. Mauss si accorse che la sua generazione, per esempio, non nuotava come quella dei piú giovani, perché l'atto di nuotare non era un fatto naturale ma un fenomeno sociale[11]. Prima ancora che i bambini abbiano imparato a nuotare, infatti, vengono educati a farlo: si insegna loro a domare i riflessi pericolosi, seppur istintivi, degli occhi, si fa prendere loro confidenza con l'acqua, si inibiscono le loro paure, si favorisce una certa sicurezza e si selezionano i movimenti[12].

Tutto ciò, per Mauss, valeva per qualsiasi atteggiamento del corpo: il modo di camminare americano era diverso da quello francese, ma stava prendendo piede anche in Europa grazie al cinema (il *soft power* di cui abbiamo già parlato). Le persone imparavano a modificare la posizione delle braccia e delle mani mentre camminavano, nonché il modo di tenere la borsa o il cappello. Accadeva inconsapevolmente, ma in modo inesorabile.

Il corpo, d'altronde, è il primo e piú naturale strumento dell'essere umano, un oggetto e un mezzo tecnico che ha, dunque, bisogno di tecniche[13]. Gli atti assemblati nell'individuo, quindi, non sono compiuti solo da lui stesso, ma dipendono da tutta la sua educazione, dalla società di cui fa parte e dal posto che vi occupa[14]. Siamo condizionati e attribuiamo un valore a ogni cosa che facciamo noi o che fa qualcun altro;

[11] M. Mauss, *Le tecniche del corpo*, ETS, Pisa 2018, p. 33.
[12] *Ibid.*, p. 35.
[13] *Ibid.*, p. 49.
[14] *Ibid.*, p. 51.

seguire le tecniche del corpo ci conviene, e ci fa sentire accettati e al sicuro.

Le tecniche del corpo sono legate anche al genere: in base al genere a cui apparteniamo, c'è un certo modo di mostrarsi e in cui «desideriamo» mostrarci. Quante volte avete visto una donna che, non contenta del risultato, ha chiesto che le venissero scattate altre foto? Quante volte lo abbiamo fatto noi stesse? Gli uomini si comportano in modo diverso, perché la programmazione di genere non trasmette loro gli stessi condizionamenti.

Alcune ricerche si sono concentrate sull'abbigliamento che le ragazze scelgono per scattare l'immagine del profilo e sulla posizione che assumono, ritrovando moltissime costanti[15]. Numerosi studi, inoltre, hanno confermato una percezione diffusa: le donne rimuovono piú spesso degli uomini i propri *tags* dalle foto sui social perché non si piacciono e usano molto di piú app di *editing* perché insoddisfatte del loro aspetto naturale. Questo non riguarda solo giovani adulte, ma anche adolescenti e preadolescenti che cercano di nascondere l'acne, i pori della pelle e modificano la forma del naso e le linee del viso[16].

La salvezza del bello.

Di fronte a questo grande sistema di condizionamenti, che influenza anche il modo in cui ci muoviamo e la posa che assumiamo per scattare una foto, come si può fare un discorso sulla bellezza senza cadere nel mito?

Per il filosofo Byung-Chul Han, oggi è considerato bello ciò che appare levigato, risolto, senza ruvidezza, e questo accomuna fenomeni molto diversi tra loro, come le sculture di Jeff Koons,

[15] S. Kapidzic e S. C. Herring, *Gender, Communication, and Self-Presentation in Teen Chatrooms Revisited: Have Patterns Changed?*, in «Journal of Computer-Mediated Communication», 17 (1), 2011, pp. 39-59.

[16] T. H. H. Chua e L. Chang, *Follow Me and Like My Beautiful Selfies: Singapore Teenage Girls' Engagement in Self-Presentation and Peer Comparison on Social Media*, in «Computers in Human Behavior», 55, 2016, pp. 190-97.

lo schermo dell'iPhone e la depilazione[17]. Viviamo nella società della positività, in cui ogni cosa viene sempre piú addomesticata, ogni resistenza viene resa innocua e domina l'etica della levigatezza. La bellezza non deve disturbare, non deve dare fastidio.

È una bellezza legata alla piacevolezza che conferma la descrizione del mondo del soggetto, che non deve offenderlo e infastidirlo, che deve portarlo all'autocompiacimento. Una bellezza che non scuote, ma conferma[18].

Un'idea già teorizzata da Edmund Burke, che nel Settecento scriveva: «Prendete infatti un bell'oggetto, dategli una superficie spezzata e scabra, ed esso non piacerà piú, sebbene sotto altri riguardi possa essere ben fatto. Perciò, quand'anche mancassero molti degli altri elementi, se non manca questo (la levigatezza), l'oggetto diventa piú piacevole di quasi tutti gli altri oggetti che ne sono privi»[19]. Il bello deve quindi confermare e rappresentare un sentimento del tutto soggettivo: il sentimento di piacere al cospetto del bello è il sentimento di piacere che il soggetto prova per se stesso.

Per Han, questa «*kalocrazia*, che assolutizza il sano e il levigato, annienta proprio il bello»[20]. Il bello sarebbe, al contrario, qualcosa di sovrapponibile al sublime, a cui è necessario tornare a conferire una sublimità de-soggettivizzata, de-interiorizzata. In altre parole, il bello è qualcosa che supera lo stretto recinto del nostro Io, delle nostre preferenze, delle nostre identità.

Qualcosa che provoca anche dolore, di cui però oggi abbiamo paura, ed evitiamo con tutte le forze. Eppure il bello non è solo piacevole, perché «la negatività del dolore rende profonda la bellezza»[21]. È da quel dolore che è nata la filosofia: lo *thauma*, lo stupore e il terrore di fronte alla bellezza del mondo. Ecco perché Adorno ha scritto che «il dolore al cospetto del bello,

[17] B.-C. Han, *La salvezza del bello*, Nottetempo, Milano 2019, p. 9.

[18] *Ibid.*, p. 26.

[19] E. Burke, *Inchiesta sul Bello e il Sublime*, a cura di G. Sertoli e G. Miglietta, Aesthetica, Palermo 1991, p. 130.

[20] B.-C. Han, *La salvezza del bello* cit., p. 58.

[21] *Ibid.*, pp. 25-26.

dolore in nessun luogo piú corposo che nell'esperienza della natura, è ugualmente anelito verso ciò che il bello promette»[22].

Si tratta di un anelito, quindi, di una tensione verso un'altra condizione dell'essere, verso qualcosa che non può rispondere a un modello e alle regole della società della performance, ma che ha a che fare con l'ignoto e con l'enigma. Un modo di guardare alle cose che oggi sembra astratto e incomprensibile, proprio perché la bellezza ha in sé qualcosa di dionisiaco, mentre al contrario la società che ha creato il mito della bellezza ha bisogno del controllo e della misura, insegue il piacere ed evita il dolore.

La bellezza è quindi ricerca dell'alterità, è esattamente quell'esperienza di flusso che l'auto-oggettivazione impedisce di vivere pienamente. Ecco perché non penso che smettere di parlare di bellezza sia una soluzione, anzi: dovremmo cercare di riappropriarci di questa parola, che è piú un interrogativo che un'affermazione. La bellezza è un segreto, un'intuizione, una fessura che si apre in un mondo sempre piú misurabile. È erotica, perché l'eros riguarda la tensione e il desiderio, «la messinscena di un'apparizione-sparizione»[23]. La bellezza può incrinare il sistema della società della performance, anziché esserne al servizio. E se la società mette un prezzo a qualsiasi cosa, la bellezza non ha i caratteri del consumo, della trasparenza e del vuoto, ma è invece rude e dolorosa, si nasconde e va cercata.

In questo senso, l'iper-esposizione alle immagini digitali modifica il nostro immaginario, ci provoca vergogna, senso di colpa e dipendenza, ci fa temere che stiamo perdendo qualcosa o di essere dimenticati (l'ansia sociale detta Fomo, Fear of missing out), ci mette a disposizione qualunque cosa, anche ciò di cui non abbiamo bisogno. La bellezza, invece, vuole la tensione, la distanza tra l'immagine e l'occhio che la guarda.

Non può quindi essere un caso se la malattia della bellezza sia cresciuta con il crescere dei canali di comunicazione. Non è infatti una bellezza che stimola, quella a cui siamo abituati, ma

[22] T. W. Adorno, *Teoria estetica*, Einaudi, Torino 2009, p. 124.

[23] R. Barthes, *Il piacere del testo*, Einaudi, Torino 1975, p. 9.

che colpevolizza. Non ti spinge a formulare nuove domande, ma ti schiaccia sui soliti arrovellamenti del pensiero. Ti fa credere di non essere abbastanza, ti costringe a tenere lo sguardo fisso sui confini del tuo corpo.

In questa marea di stimolazione, il bello scompare a favore di una forma surrogata di bellezza che è solo consumo. E il consumo della bellezza è il consumo dei corpi, la conseguenza della loro commercializzazione: è, in fondo, tutto un prodotto del capitalismo che ci mostra cosa è bello e cosa non lo è, che ci offre uno schema e ci invita a non cercare altrove.

Il mito della bellezza è performativo, e per questa ragione non ha ulteriorità, i suoi mezzi sono anche i suoi scopi. La società della performance usa la comunicazione e l'efficienza per creare maggiore comunicazione ed efficienza, non allude a qualcosa che la superi, non desidera che replicare altre performance. Non è uno strumento per raggiungere uno scopo superiore, ma è essa stessa lo scopo. Eppure, la parte piú autentica di noi non è riducibile alla performance. La complessità di stare al mondo è il contrario della performance. L'essere umano, infatti, ha bisogno di ulteriorità, di relazioni che non siano monetizzabili, di uno spazio vitale che sia *contemplativo*[24].

Per questa ragione abbiamo bisogno di contemplare una bellezza che si sottragga al consumo. Come ha scritto Schopenhauer: «La gioia estetica del bello consiste per gran parte nel fatto che noi, entrando nello stato della pura contemplazione, siamo per il momento liberati da ogni volere, ossia da tutti i desideri e gli affanni, quasi fossimo sciolti da noi medesimi»[25].

In fondo, desideriamo sempre una bellezza che non sia levigata, che rappresenti «il concetto che si manifesta nel sensibile», ovvero «l'idea come unità immediata del concetto e della sua realtà»[26]. La forma vivente e animatrice che plasma la realtà e riunifica le sue parti in una totalità organica. Quello che manca

[24] M. Gancitano e A. Colamedici, *La società della performance* cit., pp. 33-34.

[25] A. Schopenhauer, *Il mondo come volontà e rappresentazione*, trad. it. di P. Savj-Lopez e G. De Lorenzo, Laterza, Roma-Bari 1991, p. 509.

[26] G. W. F. Hegel, *Estetica*, Einaudi, Torino 1997, p. 134.

oggi, nella società della somma dei dati e delle crisi delle teorie, è il coraggio di ammettere che abbiamo ancora bisogno del concetto hegeliano (*Begriff*), di qualcosa che comprenda in sé tutto, capace di «ritrarre le mille singolarità dalla loro dispersione, per concentrarle in una sola espressione e in una sola forma»[27].

Il bello è libero e davvero indipendente, non è una merce, non può essere consumato, non si fa pubblicità, non può essere posseduto, non provoca la noia e l'insoddisfazione che proviamo non appena compriamo qualcosa o ogni volta che scrolliamo la timeline dei social network e non troviamo niente che ci interessi. Ma in una società come la nostra, che ha paura della contemplazione e in cui tutto può avere un prezzo di mercato, come si fa anche solo a credere che esista una bellezza del genere?

Oggi si definisce bello ciò che crea *engagement*, traffico, like, condivisioni, ciò che è capace di generare attenzione. E anche quando non accettiamo piú il modello di magrezza, rimaniamo sempre consumatori che rientrano in un target: ci verranno proposti modelli differenti e che ci piaceranno di piú, modelle con un corpo piú simile al nostro, con caratteristiche affini, purché continuiamo ad associare la bellezza a un bisogno di consumo.

Questo meccanismo ha un effetto, oltre che estetico, anche politico, perché ci mantiene in una condizione di rispecchiamento, ci rende identici a noi stessi, non ci libera da noi, non ci scuote e non ci lascia il tempo di indugiare. La bellezza oggi assume sempre la forma di un prodotto che deve essere subito consumato e provocare un piacere immediato.

[27] *Ibid.*, p. 173.

Capitolo nono

Come uscire dalla prigione

> Non ci salveremo se non ricuciremo tutti i fili di questa tela lacerata che siamo diventati.
>
> Rossana Rossanda

Giunti alla fine di questo viaggio nel mito della bellezza, è necessario domandarsi quali siano i modi per liberarsene. Cosa funziona davvero?

La soluzione può sembrare semplice: basta ricordarsi che tante immagini sono modificate, che gli standard sono sbagliati e che ogni persona ha il diritto di essere rispettata per quella che è, qualunque siano le sue caratteristiche. Eppure, le ricerche sul campo stanno dimostrando con chiarezza che tutto questo non è sufficiente.

L'alfabetizzazione mediatica.

L'alfabetizzazione mediatica, cioè la consapevolezza sul potere delle immagini pubblicitarie, non mitiga gli effetti negativi delle immagini stesse. Pur sapendo che quello che vediamo è un ideale impossibile da raggiungere, e che non dovrebbe neppure rappresentare i nostri desideri, lo desideriamo ugualmente e ci colpevolizziamo per il fatto di non essere ancora state in grado di raggiungerlo.

Si tratta, dunque, di una pressione mediatica piú infida di quanto sembri, che va in profondità e che non si può facilmente contrastare. Anche i *disclaimers*, cioè gli avvisi che accompagnano una pubblicità o un'immagine che risponde all'ideale di bellezza, avvertendo per esempio che le immagini sono modificate, non sembrano avere grande efficacia. Secondo alcuni studi, inserire un *disclaimer* non solo non è utile, ma in molti casi è addirittura dannoso, perché attira l'attenzione sulla rappresentazione della bellezza e spinge ancora di piú all'auto-oggettivazione[1].

L'altra brutta notizia è che neanche la consapevolezza femminista è davvero efficace: aiuta sí a criticare le pressioni culturali legate alla bellezza, permette di comprendere come i media manipolino la realtà e spingano all'insoddisfazione corporea; eppure, non cambia ciò che le donne pensano del proprio corpo. Come dimostrano ben ventisei studi recenti, impari ad accorgerti di quello che ti accade intorno, ma davanti allo specchio continui a sentirti sbagliata[2].

Inoltre, passare molto tempo a esaminare le immagini mediatiche, o indignarsi sui social per come le donne vengono rappresentate, può aumentare la consapevolezza generale, ma rende ancora piú sensibili e vulnerabili a quel genere di rappresentazione. Il mito della bellezza, come il banco nel gioco d'azzardo, vince sempre, perché è lui a gestire la partita. È per questo che il femminismo finisce troppo spesso per essere addomesticato: «Non si possono mettere in discussione le strutture di potere se due chili in piú distruggono l'autostima. È difficile combattere per ciò in cui si crede se si è convinte di essere brutte e invisibili»[3].

Ciò accade spesso senza che ce ne rendiamo conto, perché decostruire il mito è un processo lungo che richiede uno sforzo costante, mentre l'effetto dell'immagine provoca una reazione istintiva che non possiamo controllare. A questo proposito, gli psicologi Keith Stanovich e Richard West parlano di due sistemi che corrispondono a due modalità di pensiero: il sistema 1, che opera velocemente e automaticamente, con poco o nessuno sforzo e alcun controllo volontario, e il sistema 2, che agisce lentamente perché richiede focalizzazione, calcoli complessi e valutazioni. Si tratta di qualcosa di simile a ciò che Daniel

[1] L. Selimbegović e A. Chatard, *Single Exposure to Disclaimers on Airbrushed Thin Ideal Images Increases Negative Thought Accessibility*, in «Body Image», 12, 2015, pp. 1-5.

[2] S. K. Murnen e L. Smolak, *Are Feminist Women Protected from Body Image Problems? A meta-analytic review of relevant research*, in «Sex Roles», 60 (3-4), 2009, pp. 186-97.

[3] R. Engeln, *Beauty Mania* cit., p. 458.

Goleman chiama «via alta» e «via bassa» per distinguere due circuiti portatori di emozioni: la via bassa è legata alla risposta dell'amigdala, una struttura neurale a forma di mandorla (dal latino *amýgdala*), che reagisce in modo fulmineo alle sollecitazioni ed è legata a stimoli ancestrali (paura e autoconservazione); la via alta, al contrario, trasporta lo stesso stimolo nei centri corticali superiori in cui sono custoditi i nostri modelli interpretativi, ne prende le suggestioni operative e ritorna poi di nuovo all'amigdala. In altre parole, la via bassa ci dà reazioni velocissime senza passare per la nostra parte logico-razionale, mentre la via alta ci dà opzioni, cioè ci permette di giudicare, valutare e decidere come agire.

Non possiamo quindi colpevolizzarci per le reazioni che proviamo, ma è molto difficile smettere di averle. Secondo ricercatori e ricercatrici, l'unica soluzione possibile di fronte a una foto ritoccata è chiudere la rivista, smettere di seguire l'account social, cancellarsi dalla newsletter che ci ha provocato una sensazione spiacevole. In altre parole, allontanarsi. Se le immagini mediatiche sono progettate per essere potenti, l'unico modo per limitarle è non incontrarle e cambiare la propria dieta mediatica.

Personalmente, non credo che questa rappresenti una soluzione reale, sia perché non sempre è percorribile, sia perché ci priverebbe del piacere di ciò che stiamo facendo, provocandoci ansia e paura nei confronti del mondo esterno, da cui potrebbe arrivare in ogni momento un'immagine che ci ferisce.

Sei bella cosí come sei.

Negli ultimi anni sono nate delle campagne pubblicitarie allo scopo di rassicurare le donne nei confronti della propria bellezza. Eppure, queste iniziative nascondono almeno due criticità: la bellezza rimane comunque al centro del discorso e lo scopo finale è sempre quello di vendere i prodotti.

Dire «sei bella cosí come sei» e ribadire che ogni donna è

bella a modo suo, non migliora il rapporto con se stesse, anche perché cosí si associa comunque il valore personale alla bellezza che si rappresenta. Come nel caso dell'alfabetizzazione mediatica, anche qui non solo l'obiettivo è disatteso, ma spesso si ottiene l'effetto contrario.

L'esempio piú famoso è quello delle pubblicità Dove, nate dopo che la società aveva condotto un sondaggio da cui era emerso che solo il 2 per cento delle donne di tutto il mondo pensava di essere bella. Da qui il lancio nel 2004 della campagna Real Beauty, al fine di «aiutare le donne a scoprire la forza della loro vera bellezza e creare un mondo dove questa sia fonte di sicurezza e non di ansia», e di altre campagne realizzate negli anni successivi, per esempio Daughters e Choose Beautiful.

Ancora una volta, l'idea alla base di queste operazioni è che ogni donna dovrebbe sentirsi bella, dovrebbe scoprire la sua bellezza e osservarsi senza giudicarsi. Il problema, però, è che cosí la bellezza femminile rimane il pilastro centrale della narrazione, e questo aspetto è purtroppo ineliminabile in una campagna di sensibilizzazione che, organizzata da un'azienda come Dove, è anche un'iniziativa di pubblicità e marketing: lo scopo è farsi sentire piú vicini alle clienti, che rimangono sempre consumatrici di prodotti di bellezza. Se un'azienda beauty, da un lato, può volere aiutare davvero le donne a superare le proprie insicurezze, dall'altro ha bisogno di quelle stesse insicurezze per vendere i propri prodotti e aumentare il fatturato.

La condizione funzionale.

Ci si è chiesti quale sia la differenza tra la percezione del corpo maschile e quella femminile, e la risposta è che gli uomini coltivano un orientamento funzionalista, cioè vedono il corpo come uno strumento che svolge delle funzioni, non come un oggetto di decoro. Gli uomini considerano il corpo un'unità, non una serie di elementi separati che hanno bisogno di essere modificati e aggiustati, e si concentrano piú sulle sue capacità che sull'aspetto. Cosa sa fare il mio corpo? Posso renderlo piú forte? Addirittura, nella lingua inglese l'aggettivo per indicare un bell'uomo è *handsome*, che viene da *handy*, cioè funzionale, pratico, utile.

Le donne, invece, sono state abituate a vedersi, a essere rappresentate e raccontate, come pezzi separati, e come pezzi separati finiscono col percepirsi. E non è solo una percezione che riguarda il fisico, ma l'identità. Ci sentiamo frammentate, combattute, contraddittorie.

Per un uomo, il corpo è uno strumento che sa e può fare delle cose, e per questo gli è riconoscente, e non lo vede come un nemico da sottoporre a diete e allenamenti massacranti. Il consiglio che molti esperti rivolgono alle donne, dunque, è di imparare a percepire il proprio corpo come una risorsa fisica, sviluppando la stessa condizione funzionale[4].

L'idea di corpo umano come funzionale, però, non è priva di contraddizioni, se torniamo a ciò che ha scritto Max Weber. Vedere il proprio corpo come una macchina o un apparato che svolge una funzione è, secondo Weber, frutto della società industriale. Gli esseri umani sono spinti sempre di piú a percepirsi come ingranaggi all'interno di un sistema complesso che deve produrre ed essere attivo: «L'apparato psicofisico degli uomini viene pienamente adattato alle richieste che adesso pongono il mondo esterno, lo strumento, la macchina, in breve la funzione»[5]. L'essere umano «viene spogliato del suo ritmo, qual è dato dalla propria connessione organica, e riordinato completamente in corrispondenza delle condizioni di lavoro, con una scomposizione sistematica nelle funzioni dei singoli muscoli e con la creazione della migliore economia delle forze»[6].

Gli apparati burocratici e produttivi della modernità ci convincono che sia necessario essere performanti, «esatti», «coerentemente razionalizzati», «metodicamente addestrati». Tut-

[4] S. M. Noll e B. L. Fredrickson, *A Mediational Model Linking Self-objectification, Body Shame, and Disordered Eating*, in «Psychology of Women Quarterly», 22 (4), 1998, pp. 623-36.

[5] M. Weber, *Economia e società*, Edizioni di Comunità, Milano 1995, vol. IV, p. 268.

[6] *Ibid.*

ti obiettivi che sembrano legati alla cura di sé, ma che in realtà hanno alla base sempre la stessa spinta all'azione e all'accumulo: il corpo, come tutto il resto, ha dentro di sé una forza da capitalizzare. Ancora una volta, è con la società della performance che ci scontriamo.

Peraltro anche il lavoro connesso al culto della bellezza, cioè quel senso del dovere che ci spinge a mettere in ordine e pulire, viene etichettato spesso come «cura di sé», il che lo rende piú insidioso, non meno frustrante[7]. Le riviste femminili e le pubblicità, infatti, hanno iniziato a privilegiare espressioni e termini che fanno leva sull'idea di forza personale e di salute, ma che sostanzialmente veicolano lo stesso messaggio[8]. Come ha scritto Jia Tolentino, «invece di essere consigliate dalle riviste di metà secolo a spendere tempo e denaro cercando di essere piú radiose per i nostri mariti, ora possiamo consigliarci a vicenda di fare tutte le stesse cose ma per noi stesse»[9].

Sviluppare un'immagine positiva di sé.

Molti ricercatori si sono chiesti quali donne hanno un'immagine corporea positiva di sé, che tipo di comportamenti hanno, e sono giunti a una conclusione: queste donne danno meno importanza alla bellezza e hanno imparato a ignorare i messaggi nocivi[10]. Si tratta di un modello olistico: quando le donne elaborano perlopiú informazioni positive e rifiutano quelle negative, il loro investimento corporeo diminuisce e la valutazione del corpo diventa piú positiva[11]. I risultati suggeriscono che pro-

[7] H. Widdows, *Perfect Me. Beauty As an Ethical Ideal*, Princeton University Press, Princeton 2018.

[8] T. Brodesser-Akner, *Losing It in the Anti-Dieting Age*, in «The New York Times Magazine», 2 agosto 2017.

[9] J. Tolentino, *Trick Mirror* cit.

[10] L. Avalos, T. L. Tylka e N. Wood-Barcalow, *The Body Appreciation Scale: Development and Psychometric Evaluation*, in «Body Image», 2 (3), 2005, pp. 285-97.

[11] N. L. Wood-Barcalow, T. L. Tylka e C. L. Augustus-Horvath, *"But I Like My Body": Positive Body Image Characteristics and a Holistic Model for Young-Adult Women*, ivi, 7 (2), 2010, pp. 106-16.

muovere un'immagine corporea positiva possa essere una strategia di intervento efficace[12].

Come si può ottenere questo nella pratica? Secondo gli esperti, bisogna coltivare l'autocompassione per apprezzare le specificità e l'unicità dei corpi, liberando la mente dai pensieri legati all'aspetto. La liberazione, in questo senso, viene dall'aprirsi all'esterno, dal considerare che la vergogna suscitata dal mito della bellezza non è un fatto individuale, non è sintomo di debolezza e di un problema personale, ma un prodotto socioeconomico. In questo modo, è possibile recuperare il tempo e il denaro che si investono per sentirsi decorose e riappropriarsi di tutti quei pensieri che affollano la testa.

La liberazione è legata alla possibilità di praticare sport perché dà piacere, non per modificare il proprio aspetto, concentrandosi solo su come fa sentire e sugli effetti che ha sulla salute e sul benessere generale[13]. Un altro suggerimento è quello di scegliere vestiti che non distraggano da ciò che si sta facendo, che facciano sentire bene, che permettano di muoversi senza problemi e che non spingano al monitoraggio corporeo. Si consiglia poi di evitare i discorsi e le lamentele su quanto si è ingrassate o si rischi di ingrassare (*fat talk*), su quanto si è invecchiate o si rischi di invecchiare (*old talk*), su quanto si sia brutte (*negative body talk*)[14].

Sebbene siano utili, però, questi suggerimenti sembrano comunque insufficienti e difficili da mettere in pratica con costanza. Cosa, a conti fatti, occorre *fare* per disinnescare i pensieri negativi sul proprio aspetto?

[12] E. Halliwell, *The Impact of Thin Idealized Media Images on Body Satisfaction: Does Body Appreciation Protect Women from Negative Effects?*, in «Body Image», 10 (4), 2013, pp. 509-14.

[13] È dimostrato che chi lo pratica per modificare il proprio aspetto ha maggiori probabilità di sviluppare insoddisfazione e disturbi alimentari. T. F. Cash, P. L. Novy e J. R. Grant, *Why Do Women Exercise? Factor Analysis and Further Validation of the Reasons for Exercise Inventory*, in «Percept Motor Skill», 1994; T. L. Tylka e K. J. Homan, *Exercise Motives and Positive Body Image in Physically Active College Women and Men: Exploring an Expanded Acceptance Model of Intuitive Eating*, in «Body Image», 15, 2015, pp. 90-97.

[14] C. B. Becker, P. C. Diedrichs, G. Jankowski e C. Werchan, *I'm Not Just Fat, I'm Old: Has the Study of Body Image Overlooked "Old Talk"?*, in «Journal of Eating Disorders», 1 (1), 2013, p. 1.

Io credo che la risposta sia nella cura di sé, intesa come parte del percorso di fioritura personale. Si tratta di dedicare la propria attenzione alle emozioni, ai desideri, ai talenti, ai progetti, cercando di recuperare la capacità enterocettiva che il mito della bellezza riduce. La cura di sé ha a che fare con l'intenzione che poniamo verso la nostra vita allo scopo di agire bene e con la consapevolezza che prenderci cura di noi significa prendersi cura di ciò che mettiamo in circolo, quindi anche dell'effetto che le nostre azioni hanno sugli altri. Significa, in altre parole, dare senso alla propria esistenza e seguire il proprio *dàimon*.

Immaginiamo per un momento che davvero, come credevano i filosofi antichi, ogni essere umano abbia un demone che accompagna i suoi passi lungo la vita, e che piú il demone è buono, capace, valido, e piú la vita che si andrà a vivere sarà degna di essere vissuta, cioè felice. Non a caso, il termine che nel greco classico indicava qualcosa di simile alla felicità era *eudaimonia*: felice, letteralmente, era chi aveva un buon (*eu*) demone (*daimon*).

In altre parole, sei felice quando ciò che dentro di te era solo un desiderio, un'aspirazione, un'idea sfuggente diventa progettualità, un percorso da seguire, una direzione.

Ogni persona ha desideri, priorità e valori diversi, che possono cambiare nel corso della vita. Si tratta di dire a se stesse sinceramente quali essi siano e cercare di dedicare loro piú tempo possibile. Il processo di fioritura, infatti, richiede un'attenzione fertile, che permetta di riconoscere ciò che è pronto per farsi strada, e che talvolta è imprevedibile.

Sviluppare un'immagine positiva di sé consiste quindi nel dare spazio a ciò che di noi non è ancora emerso, che ci provoca gioia al solo pensiero, che ci fa sentire nel flusso, che ci fa dimenticare tutto il resto, compresi l'obbligo alla bellezza, il giudizio su di noi, la paura dello stigma.

Sottrarsi alle chiacchiere sul grasso e alle immagini patinate è essenziale, ma non è sufficiente se non si coltiva qualcosa che dia *senso* alla propria vita, perché il mito della bellezza si insinua laddove trova mancanza di senso. Non si tratta quindi di nascondersi o privarsi di qualcosa, ma di usare le proprie energie in una direzione creativa.

È fondamentale, quindi, esercitarsi a dare spazio a ciò che ci fa sentire pesci nell'acqua, a qualcosa in grado di darci felicità nel momento stesso in cui lo stiamo facendo. Sviluppare un'immagine positiva di sé, in questa prospettiva, non cambia mai solo se stessi, ma anche l'ambiente in cui si vive, la relazione con gli altri esseri umani e lo spazio pubblico.

Le une contro le altre.

C'è un vecchio adagio secondo cui «le donne sono le peggiori nemiche delle altre donne»: non sono gli uomini o la società ad avere un problema con le donne, ma il genere femminile ad avere un problema con se stesso, probabilmente per una questione biologica.

Questa percezione è dovuta al fatto che le donne vengono percepite come esseri che dovrebbero vivere in armonia e mostrarsi risolte e in pace con il mondo. Due uomini in conflitto per ottenere lo stesso posto di lavoro vengono percepiti come assertivi e brutali, forse, ma non come pazzi e in lotta con il loro stesso genere.

Tuttavia la sorellanza è una pratica difficile da rispettare. Infatti tra donne ci si percepisce spesso come nemiche, e sui social gran parte dei giudizi sulle immagini femminili vengono scritti da altre donne. La ragione di questi comportamenti, però, è da rintracciare nel sistema sociale che ci fa credere che il potere, la visibilità, la felicità a disposizione siano scarsi.

La qualifica professionale della bellezza mantiene le donne isolate, perché chiunque, se isolato, è piú debole, quindi manipolabile. E il mito, nel seguire tale strategia, è estremamente efficace: da un lato ci spinge a pensare solo a noi stesse, dall'altro ci sottopone a un paragone costante con le altre.

Da donne si viene educate a guardare l'Altra Donna come una potenziale nemica, a non fidarsi mai del tutto. L'immagine della donna maliziosa, seduttiva e doppiogiochista che per millenni è stata descritta dagli uomini ha convinto le donne stesse, e spinge a cercare nell'altra l'imperfezione, lo sbilanciamento, l'esagerazione. Una donna felice ti provoca invidia, devi scovare quello che non va in lei, ciò che sta nascondendo, i suoi punti deboli.

Del resto, come ha suggerito Jennifer Guerra, non ha senso negare che la competizione esista o viverla come un peccato originale, una colpa[15]. È il frutto di un sistema, è parte di quello sguardo a cui siamo state abituate fin da piccole. Uno sguardo geloso e impaurito difficile da abbandonare, che ci mette subito in allerta, segnalandoci la minaccia di perdere ciò che abbiamo. Una donna piú bella, giovane, affascinante potrebbe portarci via il compagno, l'attenzione dei follower, il lavoro, l'amore di nostro figlio, la compagnia degli amici. Oggettificare le altre donne e giudicarle diventa un modo per proteggersi, per non sentirsi inferiori a chi ci sembra piú luminosa di noi. Perché, in fondo, la tensione che ci provoca un'altra donna e che trasformiamo in invidia, disprezzo e fastidio, nasce spesso in realtà da ciò che di potente vediamo in lei, e che ci sembra mancare in noi.

E ci vuole molto coraggio per trasformare quella tensione in desiderio e apprezzamento, per trasformare la paura di perdere quello che abbiamo raggiunto in fiducia. Un problema che esiste non solo tra coetanee e tra pari, ma soprattutto tra generazioni diverse. Sta anche qui, forse, la ragione per cui il femminismo in Italia subisce oggi una grande contrapposizione tra le femministe della seconda ondata (femminismo storico) e le nuove femministe della quarta ondata. È come se non fosse avvenuto il passaggio di testimone, come se non si fosse riuscite a superare la paura reciproca. Negli anni Novanta Naomi Wolf scriveva:

> Abbiamo un disperato bisogno di contatti intergenerazionali. Siamo bene addestrate, se siamo giovani, a rifuggire dalla identificazione con le donne piú anziane; se siamo già mature, a essere un po' dure con le giovani, a considerarle con impazienza e disdegno. Il mito della bellezza è stato concepito artificialmente per mettere le generazioni femminili l'una contro l'altra[16].

[15] J. Guerra, *Il corpo elettrico*, Tlon, Roma 2020, p. 44.
[16] N. Wolf, *Il mito della bellezza* cit., p. 324.

Eppure, il nemico dovrebbe essere comune e il fatto che una donna riesca a esprimersi dovrebbe essere una conquista di tutte. Ma non è quasi mai cosí. Ecco perché non è sufficiente voltare lo sguardo di fronte ai modelli di bellezza, evitarli, cercare di acquisire sicurezza e autostima. È necessario riprendere il potere della propria rappresentazione, non competere, non manipolare, non creare terra bruciata intorno alle altre per prendere il loro posto.

Sempre secondo Wolf, impariamo a temerci a vicenda, a convincerci che le nostre sorelle possiedano un'arma segreta misteriosa e potente da usare contro di noi: la bellezza. Il mito ha una potenza disgregatrice[17].

Se il sistema ci tocca come genere, non può essere sufficiente un percorso personale: il sistema neoliberista desidera che i percorsi siano individuali e ha il potere di rendere le femministe nuove influencer, purché il discorso alla base del mito della bellezza – cioè un discorso socioeconomico e politico – non venga intaccato. Il mercato accetta qualunque critica pur di restare in vita; è disposto a criticare strumentalmente anche se stesso, purché ogni donna rimanga sola, purché ogni donna resti sostanzialmente una consumatrice.

Il cambiamento, al contrario, arriva sempre dalla collettività, ma una collettività esperita in una società come la nostra è quasi sempre tossica, cattiva, competitiva e gerarchica, anche in quegli ambienti che lottano contro tutto questo. A muoverla è sempre una competizione sessuale e di potere.

È dunque fondamentale che anche gli uomini partecipino e non vedano il problema della bellezza come qualcosa che riguarda solo le donne. Il mito della bellezza è un sistema che coinvolge tutti: una questione di classe, di etnia e di controllo sui corpi non conformi.

[17] *Ibid.*

Le une con le altre?

Come dovremmo comportarci allora con le altre donne? Dovremmo cercare di essere gentili e non legare ciò che pensiamo di loro alla bellezza? Dovremmo sforzarci di avere fiducia anche se abbiamo paura? Dovremmo dire loro che sono belle oppure no?

Rupi Kaur ha scritto: «Voglio scusarmi con tutte le donne | che ho definito belle | prima di definirle intelligenti o coraggiose | scusate se ho fatto figurare | le vostre semplicissime qualità innate | come le prime di cui andar fiere»[18].

È vero, è importante dire alle altre donne quanto sono creative e piene di interessi, quanto apprezziamo il loro impegno, i loro sforzi e quanto ci sono d'ispirazione. Non dobbiamo mettere la bellezza al centro del nostro giudizio, come io ho fatto con Emily Ratajkowski prima di leggere il suo libro, come lei stessa ha fatto con Demi Moore. Tuttavia, quando la bellezza che percepiamo in loro non è legata all'adesione a un canone, ma alla sensazione che ci trasmettono, dovremmo lo stesso evitare di dire che sono belle? L'importante, secondo me, è non oggettificare, non considerare il corpo come qualcosa che esiste al solo scopo di essere guardato, non giudicare la persona dal suo aspetto.

Per Engeln, quando ci complimentiamo con le bambine soltanto per il loro aspetto, è come se dicessimo che il resto di loro ha meno importanza, o che non lo vediamo neppure[19]. La differenza, per me, sta esattamente in quel *soltanto*.

Io continuo a dire a mia figlia che è bella, perché quello che vedo in lei è qualcosa che non c'entra niente con gli standard, ma con l'energia che trasmette, con la persona che è, con la sua luce e il suo potere personale. La bellezza, in questo senso, è ancora un mistero, un enigma, qualcosa che sovverte ogni canone. Quando guardo mia figlia vedo in lei quella bellezza assoluta che è ancora nutrimento fondamentale dell'esistenza umana.

[18] R. Kaur, *Milk and honey. Parole d'amore, di dolore, di perdita e di rinascita*, Tre60, Milano 2017.

[19] R. Engeln, *Beauty mania* cit., p. 460.

Allo stesso modo, non bisognerebbe vergognarsi di piacere e sentirsi belle, per paura di essere biasimate o considerate vanitose, arroganti e poco realistiche. Ci si sente quasi obbligate, infatti, a parlare male del proprio corpo, perché cosí fanno tutte, perché ciascuna ha le proprie imperfezioni. Dovremmo sentirci libere di dire che in alcuni momenti desideriamo che i nostri corpi vengano osservati. È ciò che Ratajkowski confessa in molti passi del suo libro, ed è qualcosa che quasi tutte le persone sperimentano nella vita, nell'ambito di una relazione sessuale o di altro tipo. Tutto ciò che è legato alle sensazioni del corpo, ai desideri, al piacere e alla ricerca della bellezza non dovrebbe essere censurato, ma rivelato per raccontare la complessità, le infinite sfaccettature dell'esperienza umana.

È importante, quindi, riprendersi la parola bellezza, riempirla di significato. Il mito della bellezza ha saccheggiato un ideale mettendolo al servizio delle leggi di mercato. Sta a noi riprenderci quell'ideale, quella sensazione di sublime, di inspiegabile, quell'enigma che nel corso della storia gli esseri umani hanno definito bellezza. Che è contemporaneamente un'idea mistica e un fatto politico.

Il personale è politico.

L'espressione «il personale è politico» viene da un articolo scritto nel 1969 da Carol Hanisch. L'attivista si inseriva in un dibattito in corso nella sinistra americana da cui stava emergendo la tendenza a considerare ciò che era «terapeutico» o «personale» meno importante di ciò che era realmente «politico». In sostanza, i gruppi di autocoscienza che si formavano in quegli anni e in cui le donne affrontavano i propri problemi personali e rispondevano a domande come: «Preferiresti una femmina o un maschio o non avere figli? Cosa succede alla tua relazione se il tuo uomo guadagna piú di te o meno di te?», non erano considerati pratica politica, ma solo una valvola di sfogo, qualcosa di poco rilevante.

Hanisch, al contrario, rivendicava la natura politica di quelle riunioni, perché permettevano alle donne di condividere le proprie esperienze e condurre una riflessione comune sui temi centrali delle proprie vite. Nell'articolo Hanisch scriveva:

> Una delle prime cose che scopriamo in questi gruppi è che i problemi personali sono problemi politici. Non ci sono soluzioni personali in questo momento. C'è solo un'azione collettiva per una soluzione collettiva. [...] È un'azione politica dire le cose come stanno, dire quello che credo veramente della mia vita invece di quello che mi è sempre stato detto di dire[20].

Grazie ai gruppi le donne erano riuscite a liberarsi dall'autocolpevolizzazione e avevano scoperto che

> le cose brutte che si dicono di noi come donne sono o miti (le donne sono stupide), tattiche che le donne usano per lottare individualmente (le donne sono stronze), o sono in realtà cose che vogliamo portare nella nuova società e vogliamo che anche gli uomini condividano (le donne sono sensibili, emotive). Le donne come persone oppresse agiscono per necessità (agire in modo stupido in presenza di uomini), non per scelta[21].

Il personale diventa politico, però, solo quando viene condiviso, quando non ha paura della vulnerabilità della relazione, quando distrugge la forza disgregatrice del mito della bellezza creando relazioni tra le persone, aprendosi all'alterità. Per questo serve ancora oggi ritrovarsi, parlarsi, condividere le proprie storie non dagli scranni dei profili personali sui social network, ma in una dimensione collettiva, che disinneschi la capacità della società della performance di renderci sempre piú isolati, sempre piú chiusi nello spazio limitato delle nostre esperienze e della nostra identità.

Perché accada, serve coltivare un desiderio che non sia imbrigliato nelle dinamiche della società di mercato, che non sia legato al senso di contentezza dato dal consumo, ma che sia felice. Un desiderio che sia ricerca della bellezza.

[20] C. Hanisch, *The Personal is Political*, in *Notes from the Second Year: Women's Liberation*, Women's Liberation Movement Print Culture, New York 1970, pp. 76-78.
[21] *Ibid.*

La bellezza è relazione.

La bellezza è un nutrimento essenziale dell'essere umano, è esperienza dell'alterità e della relazione. Perché ogni cosa del mondo è in relazione, e la relazione è l'essenza delle cose: tra esseri umani, tra umani e mondo, tra umani e idee.

Come individui possiamo liberarci da molti condizionamenti, acquisire un'immagine positiva di noi, ma un percorso personale resta comunque narcisistico e incompleto se non si apre mai a una dimensione collettiva. Di nuovo, il personale è politico quando è condiviso, cioè quando la persona entra in relazione con le altre e ricomincia a percepire il mondo come un luogo pieno di meraviglia.

Carlo Rovelli racconta che la migliore descrizione della realtà, dal punto di vista della fisica, è un susseguirsi di eventi che tessono una rete di interazioni. Il singolo ente non è che un effimero nodo di questa rete: ogni cosa è solo ciò che si rispecchia nelle altre e «l'interconnessione delle cose, il riflettersi l'una nell'altra, splende di una luce chiara»; ogni umano non è che una singola, mera increspatura in una «rete di reti»[22]. Chiara Valerio dice lo stesso della matematica, quando spiega che «non è la scienza degli oggetti ma della relazione tra gli oggetti, cosí come la grammatica è la scienza delle relazioni tra le parole»[23].

Anche la bellezza, come tensione dell'essere umano, non è un mero dato oggettivo, ma una relazione che può dare senso all'esistenza. Solo grazie alla libertà di entrare in relazione, la vita può dischiudere il suo profondo significato. In questo senso, bellezza è partecipazione a qualcosa che ci supera, è *eros* e non ha niente a che vedere con la necessità di doversi uniformare a uno standard. Qui sta il punto: l'idea di bellezza ha subito con la società borghese uno spostamento di significato, da enigma a misura a

[22] C. Rovelli, *Helgoland*, Adelphi, Milano 2020.

[23] C. Valerio, *La matematica è politica*, Einaudi, Torino 2020, pp. 10-11.

cui uniformarsi. Eppure, il suo segreto è ancora davanti ai nostri occhi, se riusciamo a liberarci della paura e della vergogna.

Simon Weil ha scritto a questo proposito: «La bellezza è una Sfinge, un enigma, un mistero che ci esaspera in modo doloroso»[24]. La bellezza ci obbliga ad abbandonare la nostra immaginaria posizione di centralità e ci libera dal narcisismo a cui siamo spinti da una società cosí concentrata sull'io. Ci rende testimoni dello spettacolo del mondo[25].

La bellezza è ambigua, è esperienza dell'ignoto e dell'inaspettato, e in questo modo sfugge al consumo e distrugge i ruoli sociali e di genere. Ed è forse per questo che la storia della filosofia non ha fatto che interrogarsi sulla bellezza senza riuscire mai davvero a darsi una risposta: la risposta non esiste, esiste la ricerca di quello stato di grazia dato dall'esperienza della bellezza.

L'auto-oggettivazione rappresenta un'interferenza costante nelle nostre vite, riduce gli stati di picco e le esperienze di flusso, ci impedisce di fare autentica esperienza della bellezza, cioè di dare *senso* a ciò che facciamo. La ricerca della bellezza, al contrario, spinge a coltivare le esperienze di vita, fa sentire in fioritura, offre fiducia nel seguire la vocazione.

La bellezza è ciò che accade quando riusciamo a sentirci nel flusso.

[24] S. Weil, *Attesa di Dio*, Adelphi, Milano 2008, p. 125.

[25] E. Scarry, *Sulla bellezza e sull'essere giusti*, trad. it. di S. Romano, il Saggiatore, Milano 2001, pp. 103-4.

Conclusioni

Questo libro è la ricapitolazione di un lavoro che porto avanti da anni, sia come intellettuale sia come divulgatrice. L'ho scritto per avere l'occasione di studiare, scoprendo una enorme quantità di ricerche a cui, per questioni di spazio, ho potuto solo accennare. Spero che a lettrici e lettori di queste pagine venga voglia di approfondire alcuni dei temi che ho affrontato e di leggere i testi che mi hanno accompagnata nella scrittura, per cercare di capire un po' di piú il mito in cui siamo immersi e per riempire di nuovo di senso la parola bellezza.

È scritto per chi ha voglia di capire, quindi, ma è scritto soprattutto per mia figlia, a partire da *Non è il tuo lavoro*, la poesia di Caitlyn Siehl che recita: «Quando tua figlia | ti chiederà se è bella | il tuo cuore si infrangerà come un calice | sul pavimento di legno | una parte di te vorrà dire | certo che lo sei, non dubitarne mai | e l'altra parte | la parte che ti sta | dilaniando | ti chiederà di afferrarla per le spalle | di guardarla nei pozzi | che sono i suoi occhi finché non rispecchieranno i tuoi | e di dire | non devi esserlo se non lo vuoi | non è il tuo lavoro»[1].

La bellezza è ancora un lavoro, e i pozzi di cui parla Siehl mi hanno fatto tornare in mente ciò che scrisse Natalia Ginzburg sulla rivista «Mercurio» nel 1948:

> Le donne hanno la cattiva abitudine di cascare ogni tanto in un pozzo, di lasciarsi prendere da una tremenda malinconia e affogarci dentro, e annaspare per tornare a galla: questo è il vero guaio delle donne. Le donne spesso si vergognano d'avere questo guaio, e fingono di non avere guai e

[1] C. Siehl, *It is Not Your Job*, in *Literary Sexts 2: A Collection of Short & Sexy Love Poems*, Words Dance Publishing 2014.

> di essere energiche e libere, e camminano a passi fermi per le strade con grandi cappelli e bei vestiti e bocche dipinte e un'aria volitiva e sprezzante; ma a me non è mai successo d'incontrare una donna senza scoprire dopo un poco in lei qualcosa di dolente e di pietoso che non c'è negli uomini, un continuo pericolo di cascare in un gran pozzo scuro, qualcosa che proviene proprio dal temperamento femminile e forse da una secolare tradizione di soggezione di schiavitú e che non sarà tanto facile vincere[2].

Le rispose Alba de Céspedes, direttrice della rivista e scrittrice mai abbastanza ricordata:

> Ho grande e antica pratica di pozzi: mi accade spesso di cadervi e vi cado proprio di schianto, appunto perché tutti credono che io sia una donna forte e io stessa, quando sono fuori dal pozzo, lo credo. Figurati, dunque, se non ho apprezzato ogni parola del tuo scritto. Ma – al contrario di te – io credo che questi pozzi siano la nostra forza. Poiché ogni volta che cadiamo nel pozzo noi scendiamo alle piú profonde radici del nostro essere umano. [...] Ma quando si cade nel pozzo si sa anche che essere felici non è poi molto importante: è importante sapere tutto quello che si sa quando si viene su dal pozzo[3].

Questo libro è per chi ha pratica di pozzi, per chi sa che i pozzi possono essere la sua forza, e può trovare il coraggio per raccontarli senza piú paura e senza piú vergogna.

[2] N. Ginzburg, *Discorso sulle donne*, in «Tuttestorie», 6/7, dicembre 1992. Ringrazio Mario Desiati per aver riportato questo passo nelle note del suo romanzo *Spatriati*, Einaudi, Torino 2021.

[3] Questo intervento, come anche quello di Natalia Ginzburg, si può leggere sul sito web della Società delle Letterate.

Indice

p. 3 Introduzione

7 Capitolo primo *La prigione della bellezza*

8 La società dei consumi
9 Il mito della bellezza
10 Un mito moderno
14 La religione della bellezza
16 I riti della bellezza
18 Perché ci piacciono le creme?
19 Il controllo di sé
22 La ricerca del desiderio

38 Capitolo secondo *La bellezza e l'esercizio del potere*

24 La qualifica professionale della bellezza
27 L'organizzazione del lavoro
29 I ruoli di genere
32 La medicina e la malattia delle donne
35 Il costo dell'esercizio del potere
37 Perché esiste il mito?

Capitolo terzo *Bellezza, sguardo e pubblicità*

41 La diffusione della fotografia
42 Pubblicità
47 La mistica della femminilità
50 Chissà se funziona

p. 52 Lo sguardo maschile
55 La Venere Ottentotta
57 Il sesso

60 Capitolo quarto *Bellezza, grasso e decoro*

61 Magro è buono, grasso è cattivo
64 Il corpo civilizzato
67 Il valore morale della bellezza
68 Fitness e vita sedentaria
69 Il pensiero positivo
73 Il caso della cellulite
76 Wonder Woman ha la cellulite
78 I disturbi alimentari
81 I peli non sono femminili
82 Il mito della bellezza è bianco
84 La bellezza e le donne trans

88 Capitolo quinto *Bellezza, moda e vecchiaia*

89 L'abbigliamento
90 Moda, genere e decoro
91 La moda maschile
93 La nascita delle taglie
97 Il *vanity sizing*
98 La dittatura della taglia 42
101 L'arma del tempo
102 Vecchiaia e ageismo
106 Le donne invisibili e la menopausa

Capitolo sesto *Quando la bellezza diventa malattia*

110 L'insoddisfazione corporea
111 La teoria dell'auto-oggettivazione
113 Consapevolezza enterocettiva, esperienze di picco e stato di flusso
115 La prova costume
116 *Self serving bias*

p. 117 Vergogna e *body shaming* come strumenti di educazione
119 Il contesto italiano

121 Capitolo settimo *Brutte e bellissime*

122 Brutta
123 Le donne belle fanno una vita diversa?
125 Il pregiudizio della bellezza
128 Un'icona di bellezza può essere felice?
131 La discriminazione della bellezza
133 Quanto spendiamo?
137 Medicina e chirurgia estetica
141 Il mito sugli uomini

144 Capitolo ottavo *L'enigma della bellezza*

145 Esiste un consenso sulla bellezza?
147 I social e gli standard di bellezza
148 I social peggiorano l'umore
150 Le tecniche del corpo
152 La salvezza del bello

Capitolo nono *Come uscire dalla prigione*

157 L'alfabetizzazione mediatica
159 Sei bella cosí come sei
160 La condizione funzionale
162 Sviluppare un'immagine positiva di sé
165 Le une contro le altre
168 Le une con le altre?
169 Il personale è politico
171 La bellezza è relazione

173 Conclusioni

Einaudi usa carta certificata PEFC
che garantisce la gestione sostenibile delle risorse forestali

PEFC
PEFC/18-32-03

Stampato per conto della Casa editrice Einaudi
presso ELCOGRAF S.p.A. *- Stabilimento di Cles (Tn)*
nel mese di aprile 2022

C.L. 25114

Edizione: 1 2 3 4 5 6

Anno: 2022 2023 2024 2025